随时卖掉你的公司

打造一家离开你也能独立发展的企业

〔美〕约翰·沃瑞劳◎著　孙雪珂◎译

ZHEJIANG UNIVERSITY PRESS
浙江大学出版社

特德箴言　第一条

不要什么都做，要有所专长。如果你将全部精力投入到一件事中，并聘请这个领域的专家，你的工作质量会提高，你便会从同行的竞争中脱颖而出。

特德箴言　第二条

过于依赖一个客户的风险很大，这会吓走潜在的买者。确保没有任何一个客户提供的收益超过你总收益额的 15％。

特德箴言　第三条

拥有清晰的流程会更容易定位，并使你位居主导。要清楚明白你到底在销售什么，这样，你的潜在客户就更有可能购买你的产品。

特德箴言总结

特德箴言　第四条

不要让自己和公司等价。如果买方不确定没有你在公司仍能正常运作，他们就不会开价太高。

特德箴言　第五条

不要变成现金无底洞。在使服务标准化之后，一定要提前收费或者分阶段收费，形成良性的现金流循环。

特德箴言　第六条

不要怕拒绝项目。拒绝那些专业领域之外的项目，就能证明你是想认真做好专业化的。你对越多的人说"不"，他们会把你推荐给更多真正需要你产品或服务的客户。

特德箴言　第七条

花些时间来弄清楚销售前景。当你想要出售你的企业时,数字是很关键的因素,因为买者会据此推断你的企业的市场潜能。

特德箴言　第八条

两个销售员总比一个好。由于他们往往具有争强好胜的性格,所以会努力超越对方。拥有两个雇员也向买者证明,你有一个可继续发展的销售模式,而不是仅仅倚靠一个好的销售员。

特德箴言　第九条

雇佣那些擅长销售商品而非服务的人。他们能更好地找出你的产品满足客户需求的地方,而不是同意个性化你的产品,以适应不同客户的需求。

特德箴言　第十条

不要计较损益表情况,因为这一年,你正在转型为提供标准化的产品。即便你和你的员工必须放弃这一年的奖金,只要你的现金流足够坚挺,你马上就会回归盈余状态。

特德箴言　第十一条

在出售企业前,你至少需要两年的财务状态表来证明,你采用了标准化的生产模式。

特德箴言　第十二条

建立一支管理队伍,并为他们提供一个长期激励机制来奖励他们的个人绩效和忠诚。

特德箴言　第十三条

找一个顾问,确保你不是他们最大的客户,也不是最小的。确保他们了解你所从事的行业。

特德箴言　第十四条

避免与一个只提供和单一客户面谈的顾问合作。你必须确保在收购过程中有竞争,并避免成为咨询师讨好自己大客户的诱饵。

特德箴言　第十五条

雄心勃勃。制订一个三年计划,描绘事业的前景。记住,收购方拥有更丰富的资源,能助你更上一层楼。

特德箴言　第十六条

如果你想成为一家可出售的、产品导向型企业,你需要使用正确的字眼。譬如说把"客户"改为"顾客"等。删除网站上和面向顾客的交流方式中任何会暴露你曾经是一家普通的服务型企业的地方。

特德箴言　第十七条

在被收购后,别发行股票期权来留住重要的员工。相反,公司出售之后,你可以用单纯的现金来奖励你的管理团队。分两个月或者多个月来奖励那些重要的员工,确保他们会帮公司渡过转变期。

推荐语

读了这本书,企业的老板也许会怀疑约翰·沃瑞劳一直在跟踪他们,并用摄像机拍下了他们的一举一动。因为他描述了一家典型的服务型企业的经营方式需要做出哪些改变以提高企业的价值。这本有趣但很重要的书,应该放在所有服务型企业老板的阅读清单第一条。书中对企业建议的改革步骤和那些很容易就做到的调整,能使服务型企业的潜在价值大幅提高。企业家将惊讶地发现,阅读《随时卖掉你的公司》会使自己的企业变得更加强大,而当出售它的那一天来临时,通过本书所获得的知识将使他们获益匪浅。

——Loewen & Partners 总裁、《金钱磁铁》作者 雅科·洛温

这本书对于那些正忙着处理一个接一个的客户、试图走出泥潭的人来说,无疑是一个福音。其中包含了一些了不起的经验教训,远远超出了我写的书里的某些内容,这涉及了大多数企业主

对销售业务缺乏准备的情况。书的长处是连续性,跟随着书的主人公亚历克斯,他经历的考验和磨难,让我感到很真实。我打算把这本书与我的客户以及 TEC 公司分享。我敢肯定,这将是一个巨大的成功!"

——TEC 加拿大(伟事达集团旗下)主席 布鲁斯·亨特

正如我们一直在 Startup Nation 网站上所倡导的,最终结果取决于开始。《随时卖掉你的公司》像其他伟大的商业书籍一样,清晰地展现了改变游戏规则会如何改变你企业的命运。但更多的是,它还告诉了你如何让这种命运影响你的生活。

——Startup Nation 创始人之一、首席创业家 瑞奇·斯隆

《随时卖掉你的公司》让我想起了高德拉特博士所著的《目标》,亚历克斯的故事同样阐述了如何从一家服务型企业中退出,其中包含宝贵的经验教训。亚历克斯的故事立刻吸引了我,每一个已经成为或即将成为服务型企业的企业主,都应该阅读《随时卖掉你的公司》,并从约翰·沃瑞劳的宝贵经验和亚历克斯引人入胜的故事中获得教训。

——Bizbuysell.com 总经理 迈克·韩德斯曼

在建立并出售四家成功的公司后,约翰已经发现了创建一个可供出售的企业的秘密。他分享了自己的经验和教训,并在他的新书《随时卖掉你的公司》中谈及。

——E-Myth Worldwide 公司

买家购买企业的时候在寻找哪些东西呢? 企业家如果想要出售自己的公司,又该保持哪些习惯呢? 如果你想知道这些问题的答案,我强烈建议你拿起约翰·沃瑞劳写的《随时卖掉你的公司》。

从吸引多个投标人以获得最大的收益开始,本书包含了出售企业过程中的每个重要环节。这本书简明易懂地解释了,如果你想创建一家可以出售的企业,什么是你必须知道和做的。

——《今日美国》史蒂夫·施特劳斯

太棒了! 小企业都需要这本书。许多企业主梦想着能建立一家比他们自己要伟大的企业,自己不用再到处救火。约翰的这本书是一本有趣而一针见血的书,告诉企业家们要如何实现这个梦想。根据这本书操作后,企业家们也许会觉得自己的企业变得更可爱了,甚至舍不得出售它们了。但是如果他们真的要出售,根据这本书的建议,他们会获得更多的回报。

——《小型商务趋势》主编 安妮塔·坎贝尔

与迈克尔·格伯的《创业一次就成功》相反，在《随时卖掉你的公司》中，长期居住多伦多的连续创业者约翰·沃瑞劳（《环球邮报》"您的企业"专栏作家），更接地气、更集中有效地告诉你，如何带领你的企业进入一个可以出售的状态。这是一个条理清楚、明智的做法，他在虚构的故事里提供了很多聪明的箴言让企业家去思考，企业家可以按照这些箴言改造自己的企业，让它变得可以出售，然后通过那个复杂而微妙的过程，获得数以百万计的资金。

——《环球邮报》（加拿大）哈维·沙克特

推荐序

我在《公司》杂志社工作了近三十年,起初作为资深编辑,之后升为执行编辑,后来又成为主编,这期间有很多的良师使我在企业管理和经营方面获益颇丰,其中最重要的一点便是公司建设中的核心悖论,至少,那些最聪慧的企业家都在努力把它付诸实践——在经营公司方面,你需要抱有让它能够基业长青的信念,并且不断增加它的价值,让它可以随时被出售。

这就是杰克·斯塔克(Jack Stack),SRC 控股战略资源有限公司(简称 SRC,位于美国密苏里州斯普林菲尔德市)的合伙创建人及首席执行官的经营理念。我们已经合写了两部书,《伟大的商业游戏》(*The Great Game of Business*)和《伟大的商业文化》(*A Stake in the Outcome*),都是关于他和员工们如何打造出这样一家成功企业的探讨。诺姆·布劳斯基也同样坚信这个理念,他是一位连续创业家,我和他合作写过《街头生意经:MBA 课堂不会教你》(*Street Smarts*),他在《公司》杂志开设的长期专栏也叫这个名字。

　　这同时也是本书作者约翰·沃瑞劳的经营理念，实际上，约翰把它称为"选择战略"，与"退出战略"相对，它的核心就是给予未来无限选择的机会。瓦瑞劳说，遵循"选择战略"意味着你设立了一套运转良好的体系和管理层，一旦有买家出现，或者你觉得抽身退出的时机已经到来，你的企业随时可以出售。当然，你也可以雇佣一位经理，自己则登上董事长的宝座，对公司运营采取放任的态度；或者继续投身于公司日常运营，努力打造一家没有你也仍旧可以长期运营的企业。

　　"选择战略"想要表达的重点在于，最好的企业都是可以出售的。聪明的商人懂得，即便你无意撤资离开或马上退居幕后，你也要用这样的理念来打造一家可以出售的公司。如果你有同感，那么本书是一个不错的选择。本书中，作者通过讲述愉悦轻松的故事，将潜在买者所看重的企业性质娓娓道来。故事的主角亚历克斯·斯特普尔顿拥有的是一家广告公司，但是书中所讲到的东西可以适用于任何一家企业。无论你在哪个行业，通读这本书可以使你更加懂得如何把公司打造成一个可以出售的企业。

　　关于这个话题，约翰·沃瑞劳是这方面的专家，几乎没有人比他更懂小企业。我第一次听说他是在一次会议上，这个会议是他的公司主办的，用来每年帮助世界五百强企业的市场营销人员分析该如何将产品销售给小企业。在了解小企业的需求以及如何接触它们方面，这一会议有着无可比拟的重要性。除了这个会议之外，瓦瑞劳公司每年对一万名企业家进行年度调查，并在此基础上撰写深度研究报告。每年都有一百多家大型企业为了查看这些报告以及向约翰和其同事咨询而支付大笔费用。约翰自己主持了一个全国性的关于企业经营的知名广播节目。他便是如此成就自己的事业的——大公司开始向他咨询有关小企业市场的建议，他于2008年卖掉了一手创办的瓦瑞劳公司。他之所以可以成功出售自己的公司，就是因为他建立了一个没有他依旧可以正常运转的企业。

这也是此书的亮点所在。约翰·沃瑞劳曾对企业家进行过深度研究，他曾在广播节目中采访过数百位企业家，他自己公司的业务正是围绕着小企业市场的，而且他已经把自己的企业出售给了别人。如果你想知道怎样把自己的企业变得可以出售，你需要听听过来人的意见，约翰·沃瑞劳便是你的最佳人选。

保·伯林翰

《公司》杂志特约编辑

畅销书《小巨人》作者

前　言

　　这本书的内容是有关如何打造一家没有你也仍旧可以独立发展的企业。一旦你的公司可以在没有你的管控的情况下正常运营，你就拥有了一份有价值的、可出售的资产。我原本打算把此书写成一步步的说明，并附上清单和表格，最终，我选择以故事的方式来讲述。

　　这是一个虚构的故事，主人公亚历克斯·斯特普尔顿拥有一家营销代理公司，而他正打算出售自己的公司。企业被他经营得很成功，也有一批稳定的客源，但问题是，由于亚历克斯在此领域特别有经验，所以公司几乎所有的销售都由他一手负责。不出所料，亚历克斯的所有客户都希望能由他来亲自负责自己的项目。

　　亚历克斯疲于奔命，他感到自己的公司已经到了一个瓶颈期，无法进一步发展了。在他决定出售公司后，便去找他的好朋友，一个名叫特德·戈登的成功企业家寻求帮助。而本书的故事就围绕特德教授亚历克斯如何把公司转型成一家可以出售的企业展开。

　　尽管故事是虚构的，但亚历克斯的情况在诸多企业家身上却

008

很常见。全美有将近两千三百万家企业，而每年只有数十万家可以售出。也就是说，每一百家准备出售的企业中，只有一家可以成功卖出。本书为你提供了成功出售公司的行动指南，确保你将是那幸运的百分之一。

这个故事并非自传。亚历克斯和特德的原型都来自于我过去十五年间融入小企业市场积累的经验和熟知的人。我第一次和企业家接触，是大学毕业前夕，父母带我参加了一个成功企业家的颁奖仪式。听了他们波澜起伏的人生经历后，我下定决心要做一档广播节目，专门讲述这些故事，这就是《今日企业家》这档节目的由来。三年来，我每周都会在节目中采访一位企业家。此外，我还创办了一家展会企业和一个营销工作室，又花了十二年时间经营了一家调查公司，旨在帮助那些以小企业为目标客户的企业。每年，我们都会采访并调查一万多名企业家，以深度挖掘他们的经营理念与想法。我有幸认识了一些创业发家的企业家们，书中的特德便是他们智慧的集中体现。

我从这些前辈身上学到的其中一点便是，尽管有些时候你不舍得离开经营了很久的公司，但是出于很多原因，你必须努力打造一家可供出售的企业。例如：

你的公司可能帮你安度晚年；

你或许想要创办一家新的企业；

你可能需要资金来解决一些个人财务问题；

知道你的企业随时可以出售，会让你高枕无忧。

当然,以上这些只是例子而已,无论促使你打造一家可供出售的企业的动机是什么,我希望亚历克斯和特德的故事都可以对你有益。

加入那些成功打造了可以独立发展的企业的企业家社区,你可以与他们保持联系,网址是 www.BuiltToSell.com。

约翰·沃瑞劳

博客:BuiltToSell.com/blog

致　谢

　　老话说养育一个孩子需要整个村落的力量,我认为创作也是如此。这本书是我先后创办并出售四家企业所学到的智慧结晶。第一次我失败了,如果没有诸多良师的帮助、鼓励和引导,我可能就止步不前了。在此我要感谢特德·马休斯,是他把理查德·布兰森的营销智慧和特蕾莎修女的慈善之心完美结合,帮助了我。别的导师还包括:迈克尔·德·彭瑟、戴维·德鲁、杰·戈登、布鲁斯·麦克兰、路易丝·米切尔、罗布·帕特森、丹·沙利文和丹·泰勒(1952—2009)。

　　保·伯林翰也是为本书贡献时间和智慧的诸多作家之一,其他为我提供灵感与建议的作者还有:吉姆·布莱西格姆、安妮塔·坎贝尔、汤姆·迪恩斯、约翰·艾雷特、詹森·弗里德、塞斯·高汀、维恩·哈尼什、约翰·布朗、谢普·海依肯、约翰·建池、瑞驰·斯隆、蒂莫西·费里斯和加里·维纳查克、盖·川崎、鲍勃·伯里、道格·塔图姆、肯·布兰佳、诺姆·布劳斯基、克里斯·布罗根、克里斯·吉尔博、杰里米·高奇、汤姆·彼得斯、乔纳森·菲尔

德、丹·平克、格雷琴·鲁宾、马歇尔·戈德史密斯和潘密拉·斯
利姆。

感谢我的编辑们，《公司》杂志的马特·奎因和麦克·霍夫曼、
《环球邮报》的肖恩·斯坦利，以及哥伦比亚广播集团的林赛·布
莱克利。他们提供的意见使我在为本书行文构思时更为成熟。

来自贝灵哲投资公司的安德里亚·尼克尔和佩里·美勒帮助
我认识了并购这个神秘的行业。灵哲投资公司是一家精品公司，
它的价值远高于它的规模。其他帮助我了解并购相关知识的人有
兰迪·科克伦、罗恩·德士、瑞驰和迈克·爱泼斯坦、迈克尔·亨
利、黛安·奈德曼、史蒂夫·帕里什、乔治·若索拉图、罗布·斯雷
和科林·沃克。

而卡罗尔·弗兰克不仅是我的经纪人，还是知己。

很多小企业市场的思想领袖都支持我将这个项目进行下去。
其中包括富国银行的道格·科斯，《华尔街日报》的伊莉莎·库尔
和埃文·布兰克，威瑞森无线公司的史蒂夫·查德维克，维萨信用
卡的卡里姆·乔利，BDC 的巴里·埃里森，微软公司的格劳科·法
拉利和辛迪·贝茨，E 神话世界的沃尔特·古德和温蒂·文森，
Biz-BuySell 网的麦克·汉德斯曼，太阳信托银行的狄波拉·赫尔
曼，发现网络的贝茨·霍洛维茨，《公司》杂志的鲍勃·拉波因特，
TD 的谢恩·劳伦斯，Administaff 的兰迪·麦科勒姆，丰业银行的
凯尔·麦克纳马拉和戴夫·威尔顿，美国银行的杰夫·帕克，万事
达信用卡的布鲁诺·佩罗，汇丰银行的德里克·拉格兰和史蒂

芬·米勒,美国信安的卡伦·里珀格,蒙特利尔银行的卡伦·索亚和詹姆斯·王,PNC 的卡伦·拉里默,美国运通公司的苏珊·索伯特、霍华德·格罗斯菲尔德和丹尼斯·皮克特,企业家协会(EO)的基斯·威廉姆斯和贝基·欧德曼。

我的企业家协会友人迈克·博伊戴尔、山姆·伊夫根、史蒂夫·霍斯特、肖恩·亨特、乔·斯塔茨曼和迪恩·泰与我分享了他们在企业经营和个人生活方面的经历。

非常感谢 Portfolio 出版社的团队,特别是本书的编辑布鲁克·凯利。

凯西·维特洛克斯有一双敏锐的眼睛,没有她的帮助,我无法完成写作。

我逼着我的朋友们读完了此书的大纲和初稿。感谢瑞驰·库伯、利亚纳·亨特、西蒙·图普林和特雷弗·克里,谢谢你们帮我检查了拼写错误,使它成为一部更好的著作。

感谢我的妹妹艾玛,是她教会了我想要出售一个企业和把企业打造得可以出售之间的区别。

还有我的母亲,感谢您曾经鼓励我阅读和写作,尽管它们曾经是我幼年无法忍受的事情。也感谢您教会我在重要的讲话前要倒数十个数,并担任了我这本书的第一版编辑。父亲,我所有的商业知识都来自于您的教导,无论是经商还是做父亲,您都是我的榜样。

还有 JB 和他的伙伴们,是你们让此书更有价值。

目　录

BUILT TO SELL
Creating a Business That
Can Thrive Without You

第 1 章

乱成一团的公司

　　亚历克斯·斯特普尔顿把他的路虎开进了 MNY 银行的停车场。他一把抓起放在后座上的公文包，便向银行的大门飞奔而去。匆匆地看了一眼手表，已经九点零六分了，他又迟到了。

　　亚历克斯是这里的常客，他的名字早已登记在接待名单中，保安直接挥手让他进去了。恰好有一台电梯的门开着，他便直接冲进去按了十八楼，早上从自己的办公室出来后，他第一次深深舒了一口气。

　　一出电梯他便直奔会议室，那个他经常与 MNY 银行的人一起召开会议的地方。他的客户约翰·史蒂文斯已在那里等候多时，显得有些焦躁不安。"抱歉，约翰，我迟到了。周五的交通实在太糟糕了，而且……"

　　"你把方案带来了么？"约翰不耐烦地问。

　　约翰在这家银行工作已达七年之久。他刚从商学院毕业便在这里找了一份客户经理的工作，专为小企业提供贷款，几年后他又被调到了总部做市场营销工作。约翰身材矮胖，过早地秃了顶，这让他看起来有些愤世嫉俗。虽然他从未接受过市场营销方面的正规训练，却喜欢对亚历克斯的工作指手画脚。

亚历克斯打开公文包，拭了一下额头，坐定准备长谈。他打开第一个设计方案，但约翰看起来无动于衷。就在亚历克斯准备诠释对第一个方案的设想时，约翰挥手打断了他："咱们看下一个吧。"

亚历克斯仅仅花了三十分钟就展示了所有的八个方案（这是设计师努力了数周的成果），约翰花了一些时间做了选择，然后提出了自己的意见。他想要换图片，换字体，同时把背景的粉红色换成橘红色。约翰就这样一直滔滔不绝地说着，让亚历克斯感觉自己回到了小学，尽管极度不够格，但约翰似乎对自己艺术评论家的角色乐在其中。最后，亚历克斯和约翰约好下周一早上拿出新一轮方案，便离开了会议室，心灰意冷地把车开出了停车场。

* * *

如果约翰的表现只是客户群中的个例，亚历克斯还可以忍受，但不幸的是，约翰恰恰代表了他客户的大多数——那些工作蹩脚、却能随意摆布营销代理商的市场部经理。

亚历克斯于八年前创办了斯特普尔顿营销代理公司。在这之前，他曾在一个跨国营销代理机构工作，并一路高升。在他自认为得到了足够的磨炼之后，他便决定寻找新的挑战，自主创业。一开始，他从事为小企业设计标识和宣传手册的工作，渐渐地便成了

MNY 银行特批的服务供应商。成为特批的服务供应商,意味着 MNY 银行会付款给斯特普尔顿营销代理公司,并把它作为候选的服务供应商之一。当 MNY 银行的主要营销代理商拒绝一些次要的工作时,它便会让斯特普尔顿来做。

在营销代理公司成立之初,亚历克斯曾梦想从事一些有巨额预算的大型宣传项目,他幻想在饭桌和企业的首席营销管畅饮,并一起指导模特和演员,成为这种大场面的一分子。然而现在,他却在苦恼该如何告诉他的设计师不得不在周末全天加班,仅仅因为他的客户——一个中层主管,从没上过任何设计课,且在从事一份自己完全无法胜任的工作——坚决要求对设计方案做出大幅度修改。

* * *

斯特普尔顿营销代理公司坐落在市中心以西的一个时尚街区。亚历克斯每个月花费 4000 美元租用了这样一个超出他实际使用空间很多的地方,希望能博取客户的好感。一个意在标榜创新的公司应有的装潢要素都在这间办公室里一一体现:裸露的砖墙,玻璃墙包围的会议室,十二英尺长的会议桌和一个固定安装的高射投影仪。可惜的是,这些都没有起到他原先预想的效果——MNY 银行坚持让亚历克斯去他们所在的地方,而不是来这里。

一回到办公室,亚历克斯本想避开他的资深设计师萨拉·巴克纳,独自溜进自己的房间的。但是她听到了他叮叮当当的钥匙声,便抬起头来问他:"事情怎么样了?"

"很不错。对方提出了一些改动,但没什么要紧的地方。咱们过一会儿再聊。"

说完这些,亚历克斯便走进了自己的办公室,掩上门,他觉得需要喝杯咖啡来提提神。今天收到的信件已经放在了他的办公桌上,他下意识地寻找起印着 MNY 银行金蓝相间标识的信封,里面应该会有一张支票。

亚历克斯整理了一下思路,安排了接下来几个小时的行程。他需要让萨拉对 MNY 银行的方案做一些改动,穿过整个市区去赶中饭的约定,回来写一个企划案,然后抽时间给自己的银行客户经理打一通电话。

听到亚历克斯关于设计方案的消息,萨拉无奈地翻了个白眼。亚历克斯深知萨拉为这个方案付出了多少心血,也知道她有多不情愿干这活。所以为了不打击萨拉工作的积极性,他尽可能委婉地传达了约翰对于方案改动的建议。萨拉最终接受了这个现实,她戴上消音耳机,抛开无奈的心情,开始寻找能取悦"史蒂文斯陛下"的橘红色。

亚历克斯一方面为自己没有和约翰据理力争深感懊恼,另一方面又感到力不从心,因为斯特普尔顿营销代理公司不能失去 MNY 银行这个大客户。上个月,在斯特普尔顿 12 万美元的总交易额中有 4.8 万美元的收益来自 MNY 银行。亚历克斯、萨拉及斯特普尔顿的其他六位雇员都离不开这个大金主。

* * *

穿过市中心，一路上交通拥挤，亚历克斯今天的第二次赴会又迟到了。桑迪·加马洛坐在桌边，正小口地喝着圣培露矿泉水，等待他的到来。桑迪是一家律师事务所营销部的负责人，和亚历克斯已经有五年的合作关系。虽然这家律师事务所从未给斯特普尔顿带来收益巨大的项目，但一直都是一位稳定的客户，这也意味着亚历克斯每个季度至少都需要用一次饭局来打点关系。对于桑迪来说，与亚历克斯的午餐会面是她暂时摆脱那些难搞的律师的好时机。

服务员走过来询问他们是否要来点喝的。亚历克斯本想点一杯无糖可乐就好，却被桑迪占了先。

"我要一杯白葡萄酒。"

亚历克斯下午还有很多事情要忙，但他知道，如果让桑迪独饮，这场饭局会变得很棘手。

"我也一样。"他说道，暗暗告诉自己仅此一杯。

桑迪是个五十多岁的离异女人，比亚历克斯年长十岁。她喜欢和亚历克斯调情，亚历克斯也见怪不怪，他深知一些无伤大雅的玩笑可以有利于工作顺利进行。

他们一边吃着开胃菜一边喝酒，桑迪喋喋不休地对亚历克斯抱怨她所服务的那些律师，这让他深感无聊。终于，服务员撤掉了餐盘，他们没要甜点，桑迪要了杯咖啡。为了不用再忍受十分钟无意义的谈笑，亚历克斯点了一杯浓缩咖啡。

服务员拿着账单过来，亚历克斯拿出了信用卡买单。创立斯特普尔顿带给亚历克斯的一大好处便是他每个月都能有8000美元的信用额度,这也产生了很多旅行积分。他暗暗希望今年能用上这些积分,带妻子和两个孩子去度假。服务员离开后,亚历克斯有些不安,祈祷信用卡之神能多理解他一点。上个月由于没有及时还信用卡,他的账户一度被冻结,直到恢复了信誉为止。这周账单又该到期了,他暗暗祈祷还款期还没过。

服务员回来了,信用卡逃过了银行信贷部警惕的眼睛。亚历克斯微微一笑,收回卡签了单,继续努力让自己摆脱这个饭局。桑迪含糊地提了一些接下来需要斯特普尔顿帮忙的项目,亚历克斯佯装感兴趣,好不容易才抽身离开。

* * *

亚历克斯在途中又喝了一杯咖啡,便回到办公室着手写企划案,他已经答应了今天下午必须完成。这个企划案的投标方是当地一家名为城市体育用品店(USW)的体育用品零售商。他们不满意原来的营销代理商,正在寻找一家新的营销公司接管他们所有的营销工作,包括报纸、当地广播电台、商店横幅以及电子商务网站。

亚历克斯知道自己的团队可以胜任平面广告和店内海报部分。他有一个在制作公司工作的朋友,可以帮忙广播宣传的工作,而大部分的电子商务网站营销可以由外包公司来做。当然,这些他可不会告诉USW。

粘贴复制了那些必要的前缀——公司历史、创意记录和获奖凭证后,亚历克斯开始估算费用。硬成本包括工作室时间、打样和自由网站设计者的佣金。然后他开始估算员工的工时，他把员工的薪资定为每小时 200 美元，他自己每小时 300 美元。这种定法是通过研究同行的薪资情况后逐渐定下来的。

亚历克斯讨厌计算工时，因为他深知这并不科学，他实际投入的时间与估算往往完全不一致。创造市场营销用的材料是一个不断反复的过程，所耗时间根本无法精确估测。

经过四个小时的书写和模糊的计算，企划案终于完成了，这时已是下午六点三十分，快递员已经走了，于是他在回家的路上把企划案丢在了邮局的营业网点。他把邮件递给邮局职员，祈祷能够获得 USW 这个客户，从而让公司更少地依赖 MNY 银行和约翰一类的人。

天色已晚，想到玛丽·普拉丹一般会提前离开办公室回家照看孩子，亚历克斯便决定打电话去她的办公室。玛丽是他在 MNY 银行的客户经理，就在亚历克斯的公司挤进 MNY 特批服务供应商列表后，她立刻要求亚历克斯把所有的银行业务转到了那儿。亚历克斯正面临 15 万美元的债务，避免与玛丽直接通话，可以让他逃掉她关于现金流的演讲。讽刺的是，他一直在等待 MNY 银行的支票来解决这个燃眉之急，但至今没有等到。

亚历克斯给玛丽语音留言，说他一接到支票便会立即偿还贷款，希望以此得到几日宽限。斯特普尔顿营销代理公司带给亚历克斯不菲的收入和一辆能减税的大车。他能开着路虎办理业务，和朋友外出应酬有底气买单。去年除去 10 万美元的年薪，他还给自己加了 15 万美元的奖金。这样的状态的确不坏,但公司现金流始终不稳,这已经不是他第一次趁着下班后打电话给玛丽请求宽限还贷时间了。

＊　＊　＊

亚历克斯这周六大部分时间都以赶文书工作为名待在办公室里面,事实上,他也确实有很多文件要处理。但是他把妻子和孩子以购物之名支走,自己留在办公室里,主要是想监督萨拉的工作。她是他最棒的设计师,但她并没有亲耳听到约翰对她作品的种种不满,而他听到了。那天下午他要离开的时候,他感到萨拉已经安排好了一切,并且应该很快会在周日完工。

周一早晨,亚历克斯和他的一个老客户——当地一家汽车经销商共进了早餐,他到办公室的时候已经十点多了。一踏进门,一种不祥之感便笼罩在她心头,因为他看到门上贴有一条萨拉给他的留言:

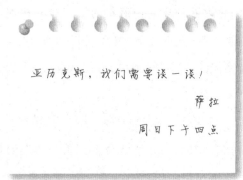

亚历克斯,我们需要谈一谈!

萨拉

周日下午四点

事情有些不妙。萨拉是他去年从同行那儿挖到的,她负责公司与 MNY 银行合作的所有工作。放下纸条,亚历克斯来到了萨拉的办公桌前。

她抬头看了看,说:"我们去你办公室谈吧。"

萨拉跟他进了办公室,一关上门,她便打开了话匣子:"亚历克斯,我喜欢和你以及其他所有员工一起工作,但我还是决定回科夫设计了。我会做完 MNY 的宣传手册项目。完成后,我就会离职。"

亚历克斯对此感到十分无奈。他知道,花费整个周末修改 MNY 银行宣传册的设计方案来迎合一个对设计一无所知的人,已经把萨拉推到了愤怒的边缘。

亚历克斯知道无力挽留萨拉,只好对她在公司的工作表示了苍白无力的感谢,便结束了面谈。双方都知道裂痕已经产生,谁也都不想看到今天的结果。萨拉再次拿起了耳机坐在电脑旁。亚历克斯重新坐回椅子上,开始对团队的未来进行重新规划。

经过自我评价,亚历克斯意识到自己的团队仅只是中流水平,萨拉算是里面最出色的,而另外两个设计师都是多面手,能设计看起来还不错的宣传册、功能繁多的网站和尚如人意的平面广告,但没有任何一个能在某方面算得上出类拔萃。他的客户总监亦是技艺平平。加入斯特普尔顿营销代理公司之前,迪安·理查森曾是当地一家大型营销代理公司的客户主管,两次竞聘客户总监失败后,当亚历克斯许诺给予他斯特普尔顿的客户总监职位时,迪安轻而易举地便跳槽过来了。亚历克斯深知,头衔是他能用来大显慷慨的筹码。

瑞娜·沙利文是斯特普尔顿的另外一名客户总监,她工作高效、心思细密。可是作为客户总监,她还必须负责客户战略,这有些超出了她的能力。

尽管有迪安和瑞娜在(或者说正因为有他们在),斯特普尔顿所有的客户都想直接和老板当面商谈,亚历克斯的名字是公司的招牌,所以他几乎要出席所有的客户会议。失去萨拉意味着其他的设计师都要超负荷工作,而在他寻找新的设计师期间,迪安和瑞娜必须负责更多的客户才行,他本来就实力平平的团队将被逼到极限。

公司成立之初,亚历克斯曾梦想着吸纳本市最优秀的人才,给他们优厚的酬劳,营造一个融洽的公司环境,最后将它出售给一家跨国控股公司。但在现实中,他只能雇佣一群二流的员工,整日围着一群无知的客户打转转。这不是他想要的。

亚历克斯对这种折磨感到厌倦,他想,是时候把公司卖掉了。

BUILT TO SELL
Creating a Business That
Can Thrive Without You

第 2 章

一文不值的企业？

特德·戈登是亚历克斯十多年来的世交，当初就是他鼓励亚历克斯进军商界的。多年来，特德创办并出售了数家公司，亚历克斯亲眼目睹了特德在个人生活和财务方面都因此获得了更大的自由。

特德是一位连续创业家，他用自己的第一桶金 100 万美元创办了一家保险公司，后来成功将其出售。紧接着他创办了一家咨询公司，这家公司最终被一家跨国集团收购。几年前他又出售了一家商业地产公司。年近五十九岁的特德先后共开办并出售了四家企业，净身价已达八位数。特德的成功不仅限于商业，更彰显在生活方面。他与妻子共度了二十六年的婚姻生活，两个孩子也都已成人，与父亲关系融洽，他们全家每年都会一起去滑雪，去海边别墅消夏。特德的生活看起来是那样井井有条，亚历克斯决定打个电话给他求教。

"你好，特德，我是亚历克斯。"

"你好,亚历克斯,最近好吗?"

"还好吧。你有空么?我想去拜访一下你。近来我一直在思考一些事情,想听听你的意见。"

特德的办公室位于市中心一座大楼的顶层,临窗俯瞰,水景尽收眼底。亚历克斯一到,接待员便告诉他,特德一会儿就到。几分钟后,特德走出办公室,一把搂住了亚历克斯。

"看来你已经见过我的接待员辛迪了。她给你喝的了么?"

"是的,我们聊得很开心,谢谢。"

他们走进了特德的办公室,办公室很大,大概有一千平方英尺,窗外水景一览无余。窗内,特德的全家福点缀着墙面,一张巨大的橡木桌让亚历克斯不禁联想到,很多的业务大概就是在这里敲定的。

他们避开办公桌,找了一个更舒适的地方——两张由玻璃咖啡桌隔开的白色皮革座椅。特德腿一伸,将脚搁在了咖啡桌上。

"你找我做什么呢?"

亚历克斯深知特德是个值得信赖的人,便开门见山地说:"我决定出售我的公司。"

"这可是一件大事啊,亚历克斯。稍缓,你为什么要卖掉它?"

亚历克斯把 MNY 银行、萨拉、实力平平的公司团队,以及公司不稳定的资金状况都告诉了特德,他也提到自己往往被客户要求事必躬亲以及他的公司有多依赖 MNY 银行。特德认真听着,时而为了搞明白情况而发问。

半个小时之后，特德突然问了一个奇怪的问题："在一个鸡尾酒会上，你会如何向一个陌生人描述你的公司呢？"

亚历克斯想了想，不太情愿回答这个特德早已知道答案的设问。

"我们是一家营销代理商，负责诸如宣传手册、平面广告和销售网站等营销材料的设计。"

"那么你的竞争者是？"

亚历克斯便道出了城中其他营销机构的名字。

"有其他一些小的公司，比如雷诺兹 & 哈珀、菲尔以及科夫设计。有时候，我们在一些竞争中也会输给大型代理公司的区域网点。竞争者中还有很多自由职业者，他们在家里工作……"

"也就是说，你经营一家服务型企业，高度依赖于一小部分重要客户。而他们要求你亲自经手他们的业务，你和其他许多提供类似服务的企业有竞争关系。"

"可以这么说。"

特德稍作停顿，然后说出了他的估值分析："亚历克斯，你的公司现在几乎一文不值。"

亚历克斯几乎不敢相信自己的耳朵。他花费了八年创办的斯特普尔顿营销代理公司，现在却被他在生活和经营方面都最为推崇的人评价为一文不值。

"你的意思是，我的公司卖不掉么？"

"不，我是说，现在不能卖。如果你想出售它，那么在出售前，我们必须对它进行一系列的改造。我可以提供帮助,但这并非易事。你需要做出一些艰难的决定和大胆的变革。你愿意接受我的建议么?"

"当然。"

"以后我们每周二上午九点都在这里面谈。在此期间,我希望你先仔细考虑下你们真正擅长的项目是什么。下周再来找我,我们谈一谈出售公司涉及的问题。"

回家的路上,亚历克斯打开手机收了下邮件。约翰·史蒂文斯已经看到了宣传册最新的修改方案,但他又提了更多的意见。

* * *

回到办公室,亚历克斯整理了接下来一周的工作日程。除了想办法说服约翰·史蒂文斯外,斯特普尔顿还需要为 MNY 的零售银行部免费支票业务设计海报,给城中最大的宝马车零售商重新设计网站,优化当地一家自行车商店的网站以提高它的自然搜索排名,给一个新的软件公司设计标识,为 MNY 的信用卡中心写一个直邮广告①的文案。下周一定会很忙碌,斯特普尔顿的每位员工都需要加把劲才行。

亚历克斯没有时间慌乱,他强迫自己面对今天的第一个挑战——他需要看一下他唯一的广告文案托尼·马蒂诺刚写的

① 直邮广告,简称 DM,又译作直效信函或直接邮寄商业邮件,是指将促销讯息直接邮寄给消费者的商业广告信函邮件。

MNY 银行新推出的旅行奖励积分信用卡直邮广告的文案。总的来说,托尼的文字功底平平,但他立志投身广告行业,因为在他看来,这会使他更受异性的欢迎。托尼上大学时,名次总是排在班上的中下游,毕业后他在三年之内跳槽五次。填写简历时,他把自己长时间的失业时段描述为"自由职业",这只是对他长久流连于电玩游戏和在线扑克的一种委婉说法。不管怎样,托尼毕竟设法在城中一家不错的营销代理公司工作过很短一段时间,因此八个月前,当亚历克斯急招广告文案的时候,托尼经过半个小时的面试后便得到了录用。

现在,亚历克斯对自己的草率深感懊悔。尽管这已经是第三稿了,但文案中依然尽是陈词滥调和拼写、语法错误。亚历克斯在纸上画了一条贯穿整页的斜杠,并在最上方潦草地写上"重写"。他把文案丢到桌子一边,并暗下决心,一旦找到人接替萨拉,便立刻赶走托尼。

鉴于萨拉要忙约翰·史蒂文斯的项目,亚历克斯便让他最年轻的设计师伊莱贾·卡普兰负责免费支票业务的海报。伊莱贾走进亚历克斯的办公室,把设计方案拿给他,尽管亚历克斯认为它对于银行的品位来说过于前卫,但好歹算是完成了,这使亚历克斯感到欣慰,他吩咐伊莱贾第二天早上前完成海报校对并打印。现在只剩下克里斯·索查克一个人能负责宝马零售商的网站设计和自行车商店的网站优化项目了。克里斯在网站设计方面很有悟性,但绝对算不上是专家。经过一系列的复制和对标签的修改,他使这家商店在谷歌搜索"公路自行车"时排到第四,"自行车服务"时排到第五,但客户的要求是在这两种搜索中都排进前二。亚历克斯把这条消息反馈给了克里斯。

"我没法让它排到第四名以上了。我已经尝试了所有惯用的手法,他们只能达到第四。"

亚历克斯只好认命,打算和那个客户开始新一轮艰难的磋商。

* * *

伊莱贾是 MNY 银行某位市场部经理的儿子,所以半年前亚历克斯主动雇用了他。设计团队已经有传言说萨拉要离职,而伊莱贾也盯上了这次机会。

"嗨,亚历克斯,你现在有空么?"

"当然,伊莱贾,请进。"

伊莱贾走进亚历克斯的办公室,顺手带上了门。

"我在这儿已经工作半年了,而我最近为工作心力交瘁。我经常加班到深夜,所以我认为是时候该给我加薪了。"

亚历克斯强忍怒气,不愿发火。由于伊莱贾的母亲在 MNY 银行工作,伊莱贾的起薪便比一般新入行的设计师高了 10%。如今他竟然又趁萨拉离职,在亚历克斯无法拒绝之际要求加薪,这使得亚历克斯恼怒至极。

亚历克斯措辞谨慎地问道:"你想怎么个加薪法儿?"

"加 5000 美元吧,这样我就可以和设计学院的同龄人拿到相似的薪水。就目前的市场行情来看,这很公平。"

亚历克斯决定拖延一些时间。

"伊莱贾，你是这个团队的核心力量，我很感激你加班加点的工作。咱们下周抽出一个小时好好谈谈你半年来的进步，我会考虑你的提议，下周碰面时给你答复。"

伊莱贾觉得加薪已经唾手可得，便同意了。

* * *

第二个星期二，特德热情地迎接了亚历克斯，并再次邀请他坐在咖啡桌旁边的同一张皮座椅上。

"上周过得怎么样？"特德问。

"很不好。"亚历克斯坦白地说，"我最好的设计师要离职了；我需要一个靠谱的广告文案，可以写一个信用卡营销的广告；还需要一个能破译谷歌'黑匣子'的网站设计师；而我最年轻的设计师尽管连设计海报都无法胜任，仍要求加薪。"

"听起来是艰难的一周啊！"特德说，"上周我问你的问题，你考虑得怎么样了？"

亚历克斯已经抽时间考虑了斯特普尔顿真正擅长的项目。他从筛选客户感谢信着手，并查看了设计师们提交的工作时间表，寻找盈利最多的项目。他也总结了过去一年中那些糟糕的项目，并给出现问题最多的项目列了一个清单。

"看起来我们最擅长的项目是标识设计。我们有一个固定的设计模式，每次接到一个项目都按这个流程来。客户喜欢我们创作的作品，也愿意给高报酬，因为他们深知标识这东西将会长久使用。一旦我们完成一个标识,这就是我们成功的第一步,客户一有新产品要上市,便会再次找上门。"

特德仔细考虑了亚历克斯的结论,开口道:"谈一谈你们标识设计具体是个什么模式吧。"

"其实也并不是什么很正规的流程。在一开始,我们总是先让客户描述他们对这个产品的构想,以及它如何从竞争对手中脱颖而出。"

特德开始记笔记了。"这听起来是个不错的开始,就叫他'构想'吧。"

第一步:构想

"下一步是什么?"特德问道。

"在建立了客户的目标之后,我们通过一系列问题要求客户将他们的产品拟人化。例如,我们会问这样的问题,'如果你的产品是位知名演员,那么它会是谁?''假设它是位摇滚明星,那么它可能是谁?'其中我们最爱问的问题听上去有些可笑,'如果你的产品是曲奇饼干,那么它会是哪种曲奇?'这些问题能迫使客户思考他们想通过标识获得怎样的个性。"

"这听起来相当独特,亚历克斯。让我们称它为第二步,并命名它为'拟人'。"

第二步:拟人

"标识设计的下一步是?"

"然后我们回到办公室,用铅笔在纸上随手画出一些想法。我们把企业对产品的构想和拟人融合,设计出一些可以代表产品的图标。"

"为什么不用电脑呢?"

"我们发现,如果用电脑向顾客呈现草稿,他们更倾向于关注自己不喜欢的小细节,而非对构思本身做出评价。所以我们在纸上用草稿呈现构思,使他们专注于更高层次的设计理念,而非诸如颜色、字体之类的细节。"

"我们可以把这步叫做意象勾勒。"

特德补充了笔记:

第三步:意象勾勒

"一般来说,客户会从我们提供的方案中挑选其中的一种,作为我们用电脑设计时的蓝本。这一次,我们的方案仅限黑白色调,从而减少客户可观察到的细节。这样,他们会更关注设计整体效果而非颜色。"

"这种设计模式我还是第一次听说,很聪明。"特德在笔记中添加了第四步:

第四步:黑白样本

"一旦客户对黑白样本表示满意,我们便会给他们几种可选颜色,任选其一。之后,我们便加入数字文件和一份商标审查指南,工作就完成了。"

特德在笔记中添加了流程中的最后一步:

第五步:最终设计

"听起来,整个过程有五步。"

特德把本子歪了歪,拿给亚历克斯看:

第一步:构想

第二步:拟人

第三步:意象勾勒

第四步:黑白样本

第五步:最终设计

TED'S TIP 1

特德箴言　第一条

　　不要什么都做,要有所专长。如果你将全部精力投入到一件事中,并聘请这个领域的专家,你的工作质量会提高,你便会从同行的竞争中脱颖而出。

　　亚历克斯接过本子,意外地发现他们平日里无意识地遵循的设计流程已跃然纸上。

　　"以后专门按照这个五步标识设计法做标识设计怎么样?"特德问。

　　亚历克斯立马反驳道:"单单做标识设计,公司怎么经营得下去呢! MNY 银行很少让我们为其设计产品标识,而与它的合作现在占了我们交易总额的 40%。而且其他客户都把我们当成他们的营销代理商,要求我们负责所有的营销项目。"

"这就是问题所在,亚历克斯。你接手的项目种类太多了,所以你需要团队中有各类人才。但你的企业规模很小,所以你只能雇佣那些多面手,而他们难免比不上大企业能聘请的专家。也就是说,你要求一群实力平平的人做专家的工作,结果当然很糟糕。"

"但如果我们只做标识,我们就只能停止为 MNY 银行效力了。"

"亚历克斯,依赖 MNY 的确可以给你提供一些现金流,但那会让你的公司出售变得非常不易。没人愿意买下一家 40％的收益来源于同一家公司的企业,这需要冒很大的风险。如果你打算卖掉公司,你必须确保有不同类型的客户,其中没有任何一个客户带来的收益超过总收益额的 10％～15％。"

亚历克斯对这个建议考虑了一会儿,疑惑地问:"那么,你究竟想建议我怎么做呢?"

"在我出售的每一家公司里,我们都会创建一个标准服务系统,以统一流程产品或服务。我们确保客户会定期需要我们的产品或服务,所以我们能够获得经常性收入。我建议你打造一家世界最好的标识设计公司。记下这个五步操作流程,并开始与新的潜在客户

TED'S TIP 2 ➡

特德箴言　第二条

过于依赖一个客户的风险很大,这会吓走潜在的买者。确保没有任何一个客户提供的收益超过你的总收益额的 15％。

讨论你的标准服务系统吧。我并不是要求你要马上放弃其他客户,在新的潜在客户身上使用五步标识设计法就行。用一页纸的内容来描述你的标识设计流程,并找十个客户来实践。下周再来找我,告诉我实施得如何。"

BUILT TO SELL
Creating a Business That
Can Thrive Without You

第 3 章

实践五步标识设计法

亚历克斯浏览了邮件，但是仍然没有收到 MNY 的支票。他关上办公室的门，仔细考虑了一下公司的资金状况。斯特普尔顿的每月工资账单有 43000 美元，还要付房租 4000 美元。他可以先把其他供应商放一边，但是月末他必须至少筹出 47000 美元。他看了下应收账款，注意到有大约 68000 美元的账款拖欠了六十到九十天不等。除了一些不及时付款的小客户外，亚历克斯还发现 MNY 银行有一笔数额为 52000 美元的账款已经在六十五天前发出了支票，而它的正常付款时间是六十天之内。他们虽没拖很久，但亚历克斯拖不起。MNY 银行是他最大的客户，所以他本不想催账，但他实在是等不及了。

亚历克斯给 MNY 银行的战略采购部拉尔夫·斯通写了一封简洁而亲切的邮件，希望可以奏效。

拉尔夫：

你好！

希望一切安好。我来信是想确认你收到了单号为＃12-673、金额 52000 美元的发票。如果时间允许，能否给我一个答复，确认它已经在走流程了？

非常感谢！期待早日回复。

亚历克斯

亚历克斯希望能得到一个快速的回复。

* * *

想尽一切办法来改善现金流状况之后，亚历克斯开始认真地考虑自己和特德的谈话以及五步标识设计法。他有五天的时间来拜访十位目标客户。他很快拟了一份单页的销售说明，让克里斯负责排版并打印十份彩色版。

亚历克斯检查了一下斯特普尔顿的圣诞贺卡花名册，标出了那些许久没联系的人名。他接连发了二十四封电子邮件，希望至少能得到十次面谈的机会来开展他的五步标识设计法。

* * *

由于亚历克斯精确化了公司的业务，前两次面谈进展得并不顺利。这一周，他的第三次面谈是去见齐格·爱泼斯坦。齐格是天然食品公司的老板，这是一家有机食品公司，主要小批量生产特色酸奶和奶酪。它的产品提供给周边地区大多数的特色食品店，几年前,斯特普尔顿曾帮助它设计了一个网站。

亚历克斯在天然食品公司城郊生产基地内的一间小办公室里和齐格见了面。一番客套后,亚历克斯便转入正题:"齐格,谈谈你的新产品吧。"

"我们正在研究一款低脂的酸奶。另外在春季,我们还将推出全新的有机冰淇淋。"

"看来你的业务要扩大了,给这种冰淇淋起名字了么?"

"天然萃取有机冰淇淋。"

"好名字。标识呢?"

"还没有。"

亚历克斯抓住了这个机会,开始介绍起了五步标识设计法。

"齐格,我们帮助你建立网站已经有一段时间了。这些年来,我们有幸和包括你在内的很多了不起的客户开展了愉快的合作。最近,我回顾和评估了之前所有的项目,发现我们最擅长的是标识设计,所以我们打算以后专注于这方面业务。我们开发了一个五步标识设计法,而且已经为客户们带来了不小的成效。"

说完这些,亚历克斯便展示了他的销售说明,给齐格大概介绍了相关流程,这正是他在特德的帮助下列出来的。

"听起来很不错。"齐格说,"我想让你们为这种新的冰淇淋设计一个标识,能写一个方案给我么?"

* * *

齐格对五步标识设计法的反应鼓舞了亚历克斯,他一回到办公室便开始写设计方案。鉴于他已经当面向齐格介绍了设计方法,方案中只需要估算费用。亚历克斯首先计算需要的时间,他回顾了以往设计标识的日程,估计根据齐格方面提出的意见进行修改还需要一定的时间,所以整个工程要花费八到十二周,对斯特普尔顿的员工来说,大约要花三十五个工时。

考虑到这个五步标识设计法本身很完善,亚历克斯没有在方案中标出工时,而是决定把整个项目统一定价为 10000 美元。费用包括标识本身的价值、设计工时以及创意灵感,并非科学计算而得。

他把预算方案用邮件发给了齐格,希望这次会有好运。

* * *

到周五为止,亚历克斯已经和六位老客户面谈了五步标识法。正在做工作总结的时候,他突然听到了有邮件进来的“叮咚”声。是齐格发来的。

亚历克斯:

感谢贵公司这么快就做出了预算方案,我们希望将这一方案继续进展下去。附件里面是我对你的预算签名后的 PDF 文本。请告诉我什么时候可以开工!

此致

敬礼!

齐格·爱泼斯坦

亚历克斯挥了挥拳头为自己打气,顿时眉开眼笑。五步标识设计法的第一个客户已经成功搞定了。

亚历克斯兴致勃勃地围着大楼原地转起圈来。他正陶醉于新工作胜利的光辉中时,突然注意到手机上有一个未接电话,是玛丽·普拉丹打来的。

* * *

顾不上寒暄,特德直接问亚历克斯的进展。

"那么,进展得怎么样?"

亚历克斯回顾了一下自己对五步设计法的尝试结果。他给久未合作的客户共发送了二十四封邮件,获得了六次面谈机会,最后与齐格达成了一个合作意向。

"祝贺你,亚历克斯,真的很不错! 主攻五步标识设计法的感觉怎么样?"

亚历克斯对特德的这个问题考虑了一下。

"我感到更自信了。过去为斯特普尔顿拉业务的时候,我感觉自己在卑躬屈膝地讨要一些残羹冷炙。我们没有任何专长,所以别人给什么就做什么。"

"那么谈五步标识法设计又有哪些不一样呢?"

"当我谈起这个流程的时候,我感觉自己就是一个专家,处于主导地位。我很自信地认为我们的业务有独特的价值,也正是这点自信感染了齐格。"

> **TED'S TIP 3** ➡
>
> **特德箴言　第三条**
>
> 　　拥有清晰的流程会使它更容易定位，并使你位居主导。要清楚明白你到底在销售什么，这样，你的潜在客户就更有可能购买你的产品。

特德笑了。"很好，当你拥有一件独特商品的时候，你就该是这种感觉。亚历克斯，我希望你开始把斯特普尔顿当成产品公司来看待，而非服务公司。"

"但是标识设计仍旧是一种服务啊。"

"的确，但你的产品是你独特的标识设计的方法论。服务公司只是汇集了一些有专业技能的人员，为市场提供服务。好的服务公司拥有独特的服务方法和熟练人才，但是只要他们根据客户需要量身定做服务，那么企业主要依赖的便是人而非业务本身。如果人成了一家企业的主要资产，而他们又可以随时离开，那么整个企业也就没什么价值了。"

亚历克斯反驳道："但是我听说很多很多的服务型企业的创始人都卖掉了自己的公司。"

特德在这一点上表现出了前所未有的激动，他坚持自己的立场道："在出售一家服务公司时，卖主一般会先得到一部分钱，剩下的部分要根据接下几年内公司的业绩来支付，这就是所谓的'盈利能力支付计划'。通常，卖主需要等三年或者更久的时间才能得到这笔钱。这三年内会出现很多状况，因此卖主可能很难让公司的业绩达到预定目标。"

亚历克斯看到特德情绪如此激动，诧异之余更多的是好奇。

"为什么你这么反对'盈利能力支付计划'呢?"

"在盈利能力支付计划中,你公司的大部分价值都处于风险中,买方企业处于主导。盈利能力支付计划带来的结果大多让企业家失望,你承担了大部分风险,但一旦成功,买方企业却获得

特德箴言 第四条

不要让自己和公司等价。如果买方不确定没有你在公司仍能正常运作,他们就不会开价太高。

了大多数利益。当收购方知道企业创始人就是企业的全部时,他们往往会采用盈利能力支付计划。你要做的,是让斯特普尔顿无须仰赖'亚历克斯·斯特普尔顿',这是让你可以卖掉斯特普尔顿又不让你的资产因为盈利能力支付计划而陷于风险中的唯一出路。亚历克斯,你需要训练每一个员工都熟知五步标识设计法,这样你就不必在每一个项目中事必躬亲了。"

特德又说道:"亚历克斯,我感觉有什么在让你忧心,和我聊聊吧。"

"我正在忙着把我的公司改造成一家可以出售的企业,而且我喜欢五步标识设计法。但我目前最担心的是资金,我在等一张大额的银行支票,但它迟迟未到。"

亚历克斯的担忧对特德来说却十分悦耳。

"这就是你必须把五步标识设计法作为产品的另一个缘由。

当你出售的是产品时,客户习惯于先付钱。你去超市买卫生纸时,不是先买后用的么?我们习惯于先为产品付款,而对服务,则习惯于在提供之后再付款。想一下你上次请人清理窗子是什么时候,清洁工首先给你提供服务,然后你再付钱,而产品都是先付钱才能用的。现在你的服务已经产品化了,你应该先收费。"

"我的确也希望先收费。如果我把销售说明附上一本宣传册,并在册子里列出所需费用,那么它看起来会更像有形产品。"

特德又回到了原先的话题。

"在买方收购公司之前,他们首先会计算所需的现金成本。一旦他们认为你的公司是个无底洞——像现在这样,他们便会出低价。如果你的公司现金利润丰厚,他们反而愿意出高价。亚历克斯,告诉我现在你是怎么为你的服务定价的。"

"一旦预算通过确认,我们就开工,项目完成后便发出账单,限期六十日内支付。"

"一个项目一般持续多久?"

"这要视情况而定,一个标识项目一般需要八到十二周。"

"亚历克斯,我接下来说的你要认真听。你的现金流处于恶性循环状态,在一般的标识设计项目中,得到报酬要在四到五个月之后,因为整个工程需要两到三个月,而支付另需两个月。卖出的项目越多,你要等的钱就越多,难怪你的银行已经让你有压力了。现在把你现有的现金流情况和允许提前支付的模式作个比较。中标之后,你就要求他们在使用产品前支付,然后在整个项目进行的两到三个月里,这些资金就可以投入使用了。现在,试想一下如果你把五步标识设计法推销给了五到十个客户,那么你就能获得 50000 甚至 100000 美元资金来开展你的公司业务了。"

想到诸多可能性,亚历克斯第一次在谈话中露出了笑容。

"售出得越多,我们积累的资金越多。这样我就再也不用向玛丽·普拉丹求情了。"

"而收购方也会把你的公司看做一个印钞机,而非无底洞。"

特德给出了他对接下来一周的建议。

"亚历克斯,看看你还能向多少客户推销你的五步标识设计法。这次,确保在销售说明上写清楚报价和'既签即付'的字样。这是你的产品,你有决定支付方式的权力。"

亚历克斯自信满满地离开了特德的办公室。他知道,如果能让客户们提前支付,那么他就可以摆脱银行的催款,晚上也能够更好地入眠了。

TED'S TIP 5

特德箴言 第五条

不要变成现金无底洞。在使服务标准化之后,一定要提前收费或者分阶段收费,形成良性的现金流循环。

BUILT TO SELL
Creating a Business That
Can Thrive Without You

第 4 章

来自内部的压力

托尼紧握着自己对 MNY 银行直邮广告的最新方案,仿佛是快要窒息了。亚历克斯其实知道,给托尼的作品打上斜杠并写下"重写"的字样,且不做出任何进一步的解释,会让托尼发疯。

"亚历克斯,如果你要我重新写稿,我需要更多的建议。"托尼说道。

提到建设性的意见,亚历克斯有些手足无措,他实在不知从何说起。不仅仅是文案的开头或是称呼或是附言有问题,也不是提议或是语调、语法或者拼写的问题,而是他对整个方案都不满意。简而言之,亚历克斯对托尼的无能深感无奈。

"托尼,我现在没时间谈这个。银行在催我零售银行部的海报了,但我今天上午一直没时间找伊莱贾谈谈。咱们过会儿再谈吧。"

托尼翻了个白眼,回到了办公桌前。

* * *

亚历克斯去找萨拉,想看看约翰·史蒂文斯的宣传册项目方案进展如何,他希望这是最后的改动了。他来到萨拉身后时,瞥见了萨拉21寸电脑屏幕上的所有内容。萨拉并非在忙MNY银行手册的事情,相反,她正全神贯注地浏览关于"立马走"旅游的网页。

亚历克斯慢慢走近,站在萨拉身边。良久,萨拉才注意到他,赶忙心虚地拿掉耳机。

"在做度假计划么?"亚历克斯问道,言语略带讽刺。

"亚历克斯,我只是……"

亚历克斯挥了挥手打断了萨拉便走开了,不等她再说下去。因为他知道,接下来萨拉只会做出一些无力的辩解。

* * *

信件终于到了,亚历克斯赶忙打开了那些白色的十号信封,信件中有三张来自供应商的发票和两张支票。支票是一些小项目所得,刚刚超过23000美元,不过有当然比没有好。但是亚历克斯在月底前还需要24000美元才能支付这个月的工资和租金。他只剩下十二个工作日来解决这个问题了。

* * *

亚历克斯和伊莱贾约好了这天上午八点见面。

伊莱贾走进亚历克斯的办公室,一副沾沾自喜的表情。"早上好,亚历克斯。昨晚休息得还不错吧?"

面谈正如伊莱贾所期待的那样开始了。由于自己的母亲在MNY银行任职,又值萨拉辞职之际,伊莱贾强行要求亚历克斯给他加薪。而亚历克斯表示伊莱贾资历尚浅,工作经验又少。最后双方不得已妥协了,伊莱贾得到 2500 美元的加薪,而亚历克斯承诺半年后会再次考虑加薪给他。

这时伊莱贾并不知道,半年之后他将失去在斯特普尔顿工作的机会。

* * *

亚历克斯浏览了一下电子邮件,看到了司空见惯的客户投诉:自行车店要求对搜索引擎优化项目的报酬打折,因为斯特普尔顿没能兑现在关键词搜索时达到网络排名前两位;宝马零售商遭到了慕尼黑公司一位律师的批评,因为它的网站违反了宝马的品牌标准;MNY 的零售银行部要求他们今天之内再印刷六张海报,拉尔夫·斯通则要求他重发单号为♯12-673 的发票,并附上正确的采购订单编号。

齐格也来了一封邮件。她很喜欢天然萃取有机冰淇淋的拟人方案,同时也很期待亚历克斯设计流程中的第三步——意象勾勒。

齐格的邮件鼓舞了亚历克斯,他把客户的投诉先放在一边,专心研究另一批可以推荐五步标识设计法的潜在客户。

* * *

正如亚历克斯所料,特德一见面就要求首先总结上周签约的客户数。

"我获得了八次面谈机会,其中'春谷家园'同意了我们为当地的新公寓项目设计标识。"

"这是个很好的进展,亚历克斯。"

"除了向春谷家园卖出一个标识外,还有一位老客户要求我们为他的广告宣传活动写企划案,我们谈得很开心。这次广告的发布媒介应该是广播和报纸,也有可能是当地电视台。"

特德并没有露出失望的神色。"一旦中标,你什么时候会得到报酬呢?"

亚历克斯考虑了一下。"我感觉整个项目要耗费六周。这位客户付款总是很快,所以我应该会在一个月之内拿到钱。"

"也就是说从中标之日开始,七十五天后你才能拿到全部款额?"特德问。停顿良久,亚历克斯深入思考了这个结果。

亚历克斯的热情有些消减了。

"你要花多少时间用来写这个企划案?"特德问道。

"大概大半个下午的时间。"

"一旦中标,谁来负责平面广告?"

亚历克斯停顿了良久。开工的时候萨拉肯定已经离职了,伊莱贾资历尚浅,克里斯到时候会忙于现在已经谈下的标识设计工作。亚历克斯给出答复之前,特德说道:"亚历克斯,如果你想经营出一家可以出售的企业,你就应该专注于一个项目。也就是说,你要停止接其他的项目。"

"但这是他们主动提出合作要求的啊,而且我们可以用这笔钱……"

"客户每天都会挑战你的决定。他们早已习惯了对服务供应商颐指气使,一旦有机会,便会让你为他们量身定做。如果你想出售公司,那么就不能妥协,你必须逆流而上。你必须对其他的项目说'不',否则客户永远不会知道你是真的想从事专业化的服务。你不能仅做'半个专家'。如果你想创办一家全球最好的标识设计企业,你就不能顺手接那些广告的项目。这就是为什么心脏科专家从不医治脚伤。"

亚历克斯继续争辩:"但是按目前我的情况,还不能拒绝这些项目。"

"一旦你开始拒绝其他项目,专注于五步标识设计法,就会发生一件不可思议的事——你会更容易获得信任。如果你提供的是诸如广告或营销等一般的服务,人们就很难向他的朋友推荐你,因为你没有特色。但如果你是世界上最好的标识设计企业,那么你将会被人们铭记和信任。每拒绝一个广告项目,你将会得到一个标识项目。"

亚历克斯最终表示了赞同:"我相信你的观点,特德。"

"很好,因为下一步很重要。就像

> **TED'S TIP 6**
>
> **特德箴言 第六条**
>
> 不要怕拒绝项目。拒绝那些专业领域之外的项目,就能证明你是想认真做好专业化的。你对越多的人说"不",他们就会把你推荐给更多真正需要你产品或服务的客户。

我们之前说的,唯一出售斯特普尔顿的办法就是让它在没有你的状况下正常运转。也就是说,你需要指导员工,让他们来实施五步标识设计法。"

"你的意思是我需要制作指导手册之类的么?"亚历克斯问道。

"是的。试着把你的五步标识设计法当成一个流水线工程,由五部机器组成,你需要教会每个人如何操作,例如如何开机,如何使它运转,如何在它运转时读懂所有的按钮和仪表。"

亚历克斯一边听,一边开始记笔记。

"记下五步标识设计法中的每一步,写下每一步的详细操作步骤。把操作指南交给团队成员之一,看看他能否把握整个流程。不断调整这个指导手册,直到他不用你的指导就可以顺利跟随这个手册操作。这周,我希望你为五步标识设计法写一个操作手册。下次把它带过来,我们可以一起讨论一下它的效用。"

* * *

亚历克斯的办公桌一角堆了一沓信件,摇摇欲坠。他拿起所有的信件,轻轻抱在胸前,生怕弄丢了任何一封。他把它们分成两沓,第一沓是垃圾邮件,第二沓是白色的十号信件。第一沓的垃圾信件越堆越多,都是一些传单、会议宣传册之类的东西,而第二沓也越积越厚。

分好了类,亚历克斯开始认真地整理第二沓信件。他拿起开信刀,把它插入信封顶端缝隙中,将信一一打开。第一封信是一位摄影师寄来的发票,斯特普尔顿曾将他的作品用于 MNY 的宣传册。第二封是一张 3400 美元的支票,下一封又是发票。当他看到第四封信左上角熟悉的 MNY 金蓝色标志时,亚历克斯的心跳加速了。它不是玛丽·普拉丹寄来的账户明细,就是支票。他用开信刀干净利落地拆开了信封,里面露出了一张 52000 美元的支票。

* * *

收到这张支票,亚历克斯感觉自己又活过来了。他端起自己的大号咖啡杯坐下,为五步标识设计法写下了详细的操作指南,这是将来在标识设计流程中,所有员工都必须遵从的。

针对第一步,他把每一个必须问客户的问题都写了下来。针对第二步,他对拟人化的例子进行了细致入微的描述,甚至他八十三岁的老母亲都可以负责这一步的调查工作。针对第三步,他指定了需要做多少份草案,以及可以把哪些客户公司的元素融入标识中。针对第四步,他主要规定了如何展示说明每一个黑白方案,包括了印刷用的纸张。对第五步,他描述了详细的配色方案,以及给客户的风格指南中应包含哪些东西。

晚上六点的时候,亚历克斯已经完成了指导手册的第一版草案,这是他对标识设计的看法和构想的完整总结。现在,如果他能让员工按这份指导手册来操作,今后,他就可以避免在每一个标识设计项目中都事必躬亲了。

在回家的路上,亚历克斯一想到他的公司未来的发展蓝图,内心便狂喜不已。

* * *

看到他所有的七个员工在会议室围着桌子坐了一圈,亚历克斯感到有些紧张。他环顾四周,打量着他的听众。他的两位客户总监坐在一起,瑞娜聚精会神地坐在那儿,面前放着一本记事本和一支削尖的铅笔。迪安坐在瑞娜旁边,摆弄着黑莓手机,装作一会儿还有重要的客户要他回去接待。设计师们都挤在桌子的另一边,萨拉也在,脸上一副漠不关心的表情。克里斯摆弄着手机,伊莱贾在和托尼聊天。就连亚历克斯的行政主管奥尔佳·瑞泽也被叫来参加这次重要的会议。

亚历克斯一开篇便为他将要对公司进行的改革做了铺垫,他谈到不少实施专业化的公司。他指出,西南航空之所以只用波音737型飞机,是因为这样一来员工便可以熟悉这种机型,维修队能通过一套诊断程序很快锁定问题所在。一番抛砖引玉之后,亚历克斯便提出了斯特普尔顿营销代理公司将要做出的变革。

亚历克斯宣读了一封客户的感谢信,斯特普尔顿曾帮助其设计产品标识。他也提到,相较于其他业务的客户,标识设计客户对斯特普尔顿更加满意,回头客也更多。亚历克斯承认,那些广告项目超出了斯特普尔顿的能力范围,让他们头痛不已。

亚历克斯用PPT向大家展示了五步标识设计法的流程,也谈到了自己和齐格的天然食品公司的合作状况。接着,他把操作指南草案的复印件分发给了员工们。

演示过程持续了四十五分钟,亚历克斯停下来等待提问,瑞娜是第一个发言的人。

"我喜欢专业化并真正提高这方面水平的这个想法。"

克里斯补充道:"我喜欢做更多的手绘草图的工作,因为自从出了艺术学校之后，我就没有做过任何绘图。"

伊莱贾貌似不很感兴趣。"专业化听起来很了不起，但我认为广告行业应该更注重创新才对。听你说，感觉我们像在工厂工作一样。"

迪安插嘴道："我认为我们应该成为我们所有客户信赖的营销顾问。如果仅仅提供一种服务，我将如何和我的客户建立互相信赖的关系呢？"

萨拉反正就要离开了，便毫无惧色地说道："作为一名设计师，我不希望自己不得不循规蹈矩。"

伊莱贾引发了一场口舌，亚历克斯感到自己就要爆发了。他深吸了一口气，数到五，说道："我们的新流程仍然为创新留足了余地。"

说完，亚历克斯要求每一个员工好好研究指导手册并提出改进建议，便散会了。

亚历克斯瞪着伊莱贾，只见收拾着他的东西，不和老板做任何的眼神交流。眼看一场冲突即将来临，其他员工很快离开了会议室。亚历克斯穿过房间，关上了门。

"请坐。"亚历克斯指着椅子说。

伊莱贾坐了回去，说道："亚历克斯，我不是故意……"

亚历克斯打断了他："你为什么要做设计师？"

"我从小就很有想法。我喜欢画画，而且在美术课上画得不错。我觉得设计师这个职业对我来说很合适。"

伊莱贾可能的确在美术课上得了高分数，但就亚历克斯看来，他的才能在营销中没有得到很好的发挥。"创造力是一种很好的资产。"他说,"但是斯特普尔顿是一家企业。作为一家企业,我们的首要目标是盈利。如果你想做一个无拘无束的艺术家,我建议你另谋高就。"

"但是亚历克斯,一家营销代理机构应该有一个良好的创新氛围。"

"一家营销代理机构首先是一家企业。而在这里,我们将要专注于用五步标识设计法设计标识。"

伊莱贾一动不动地坐在那儿,停了一分多钟,辞职的意向已显而易见。他说道:"好吧,那么我想我会离开。"

"祝你好运。"

说完这些,他们握了握手,伊莱贾回到办公桌前。他拿了一些东西放进包里,然后离开了。

亚历克斯为自己展现了公司掌舵人的权力而兴奋不已。不管怎样,这是他的公司,他无法忍受这种公然的蔑视——尤其当它来自资历最浅的雇员。接下来,他的行为将酿成的更严重的后果又让他瞬间担心不已。他的公司里只剩下一个设计师了,而且伊莱贾的母亲很快会听说这件事,这将会危及他和 MNY 银行的关系。

一阵敲门声顿时惊醒了亚历克斯,瑞娜来了。

"亚历克斯,我明白会议的进行并不如你所愿,但是我想说,我对我们的新流程十分有兴趣。"

"谢谢你,瑞娜。"亚历克斯被她的话所鼓舞,"我认为你的技能将会在新流程中得到很好的发挥。"

BUILT TO SELL
Creating a Business That
Can Thrive Without You

第 5 章

考　验

亚历克斯和妻子帕姆带着孩子共度了一个愉快的周末,周一,他神清气爽地回到了办公室。对唯一比自己早到的员工瑞娜打了个招呼后,他就坐定在桌子后,打开电脑,趁热呷了一口咖啡。

他浏览了一下电子邮箱,看到一封来自布莱尔·唐纳森的邮件,亚历克斯立刻认出这是城市体育用品店(USW)的市场总监的名字。主题非常简单:祝贺。

打开邮件,亚历克斯顿时心花怒放。他浏览了前几段便明白了,信件内容是 USW 邀请斯特普尔顿营销代理公司成为它的认证营销代理商。

＊　＊　＊

亚历克斯打算花二十分钟步行到特德的办公室进行每周二的面谈,而不是花五分钟开车。从收到布莱尔·唐纳森的邮件到现在,已经过去了一天了。这期间,各种信息都在亚历克斯脑中不停打转。

　　一打开话匣,亚历克斯便向特德简单介绍了 USW 的企业背景。

　　"我知道你想说什么,但这对我们来说是个千载难逢的机会。它会给我们接下来的一整年带来每月 50000 美元的稳定收入。"

　　亚历克斯接着又描述了成为 USW 这样的名企的代理商有多荣耀。他谈到,鉴于 USW 对广告的创造性十分看重,这可能使他们赢得许多奖项。特德没有插嘴,他想给亚历克斯足够的时间阐述自己的想法。

　　亚历克斯一说完,特德便说道:"亚历克斯,你当初为什么第一个来找我征求有关企业方面的意见?"

　　"因为我想出售我的公司。成为 USW 的认证营销代理商将会对这个计划贡献颇大。有许多大公司都想成为 USW 的代理商,所以他们很可能会因此来收购我们。"

　　"亚历克斯,如果你想在接下来的五年里都为一个大型营销代理机构效劳,那么我认为成为 USW 的代理商的确会有助于你出售公司。但是如果想让一家大型机构收购另外一家小而且毫无特色的代理结构,除非你们之间建立一个为期五年的盈利能力支付计划。他们会先付给你一些钱,剩下的则会在接下来的五年之内,根据你是否达成他们制定的任务,分阶段付给你。也就是说,接下来的五年里你要保持并发展 MNY 银行,并依附于 USW 了。你必须向一家大型代理机构的中级主管汇报情况,并面对一系列这家企业的繁文缛节。一旦预期目标未达到,你就只能拿到合同签订时的那一点点钱。你要承担所有的风险,而且无法掌控结果。"

亚历克斯开始思考这些问题,并想起伊莱贾不知道是否已经告诉他母亲,自己把她儿子解雇的事实。

"我的建议仍然是,建立一个没有你也可以正常运转的公司。这是使你公司能够出售,而且你不用再耗五年时间在这家公司身上的唯一方式。"

特德注意到,是时候该好好鼓励一下他的学生了。

"到目前为止你都做得很好,亚历克斯。你已经发现了一种你公司擅长提供的服务,并为了提供它而制定了一个可以重复的流程。你已经设计了一份操作说明使你的员工也可以提供这种服务,而且你的产品能提前收款,所以你卖得越多,积累的现金也就越多。我告诉过你,你的决心将在这个过程中得到考验,现在就是考验之一了。我不会告诉你具体应该如何处理 USW 的问题,你要自己做决定。"

亚历克斯心怀忐忑离开了特德的办公室。他的理智其实非常明白特德的建议,但是成为 USW 这样的企业的营销代理商,是他多年的梦想。他曾为这次招标付出了很多的心血,很难想象就这样拒绝它。

* * *

亚历克斯联系了布莱尔·唐纳森的助理。她告诉亚历克斯,唐纳森先生正在开会,不过会后会让他回电。亚历克斯静静地等着,觉得度日如年。终于,布莱尔来电话了。

"唐纳森先生,感谢您回我的电话。"

"亚历克斯,很高兴接到你的电话,你昨天没打电话过来,让我很吃惊。希望能与你和你的团队合作愉快。"

"非常感谢,但是……"亚历克斯犹豫了一下,鼓起勇气继续说道,"我想我不得不谢绝这次合作了。"

"你说什么?"

"递交了投标书后不久,我们就决定专门从事标识设计业务了。"

"什么?"

"我意识到我的营销代理公司太小,不适合从事太泛的业务。如果什么都做,会使我们始终没办法给你们提供最好的服务,而标识设计是我们的强项。如果你们将来需要设计新的商标或标识,请务必考虑我们。"

这种解释并没有得到对方的谅解。

"你真傻。"布莱尔说道,"你们只是一家小公司,靠我们给了你们一口饭吃。你们以后还是为房地产中介做宣传卡片吧。因为一旦我告诉美国市场营销协会(AMA)的成员,你浪费了我们这么多时间,那将是你在这个城市里唯一能从事的业务了!"

亚历克斯努力打圆场,"我不是故意要冒犯您的。"

布莱尔不再听解释,挂断了电话。

* * *

亚历克斯回到办公室,正值迪安准备去参加一个客户见面会。

为了把注意力从布莱尔·唐纳森和 USW 中转移出来,亚历克斯与他聊了起来。

"嘿,迪安,准备去见春谷家园的客户么?"

"是的,我们相处得不错。上周我们进行了拟人的那一套,现在我正准备去给他们展示一些我的理念。"

"很好,我能看看么?"亚历克斯指着迪安的公文包,孩子般天真地问。

"当然。"迪安心不在焉地说。他放下公文包,并匆匆忙忙地套上外套。"我要迟到了,但我可以简单地跟你说说。在进行拟人的时候,很明显可以看到他们对这个公寓项目有着宏伟的愿景。他们打算今年秋季卖掉五十六套房子,让它成为城中排名前五的公寓。"

"那太棒了!"亚历克斯有些不耐烦地问,"我能看一下标识的草图么?"

迪安这才慢吞吞地打开了公文包,"我们决定更多地给他们展示我们的创造才能,而非仅仅是草图。"迪安打开了公文包,拿出一个彩色的、电脑生成的上市宣传活动方案,包括一个平面广告方案、一个宣传手册和六个彩色的标识设计方案。

亚历克斯简直不敢相信自己的眼睛。"迪安,你怎么会想到做这些东西?"

"我认为这对我们来说是个好机会,他们会成为我们的大客户。"

"迪安,我们现在专做标识了。"

"当然,我明白,我也会展示六种标识设计方案,而且……"

"是的,我看到了,而且我也看到了这些方案都是全彩、电脑生成的,而不是按照流程来的拟人之后的黑白草图。"

"但是亚历克斯,这真的是一个大客户,我认为多做一些是值得的。"

亚历克斯叹了口气,"我明白。"毕竟,他自己也在处理 USW 的问题时曾经试图做类似的事。"但是我们现在专做标识。你必须面对一个事实:我们不再是营销代理机构了。抛弃平面广告和宣传册的方案,你可以向他们展示这次做出的标识方案。但是下次,请按照流程,先拿黑白草图给他们。"

迪安翻了个白眼,把平面广告和宣传册从公文包里面拿了出来。

* * *

坐到老位子上后,亚历克斯告诉了特德这个消息:"我拒绝了USW 的合作。"

"这个决定很明智。"

"希望如此,USW 本来可以成为我们的大客户的。"

特德感到有必要让亚历克斯重新燃起热情,以便继续两人的计划,便告诉他该如何追回斯特普尔顿在 USW 那儿丢掉的损失。

"想卖掉公司,你必须向买方证明,你的企业可以产出可预测的、重复的利润。我们必须要弄明白你需要多少销售人员来帮你销售,以及有多少企业会是你的潜在客户。目前,先让我们把目光主要锁定在这个城市，这里到底有多少家公司呢?"

亚历克斯没了主意，于是他们凑到特德的电脑旁，登陆美国人口调查局的网站，发现方圆一百英里以内有两万一千家企业。

特德希望尽可能地缩小目标市场，"假设一家企业愿意为一个产品或部门的新标识花费 10000 美元，那么它每年至少需要产生 100 万美元的收入。"

亚历克斯搜索数据后找到了数字，"这个地区共有五万八千家企业年收入在 100 万美元以上。"

"现在我们需要搞清楚，你可以向它们中的多少家出售标识。回想一下你刚开始推销五步标识设计法的时候，你给多少家公司发了邮件?"

亚历克斯算了一下，很快得出了结论。

"我给四十四家公司发送了邮件。"

"有多少家答应和你面谈?"

"十四家。"

"你最终出售了多少个标识?"

"到目前是两个。"

特德抓起一叠纸，写下几组数据。他把纸转了个角度，让亚历克斯也看得到。

"你的签约率是 4.5%，鉴于你和这些企业领导者之前便建立了联系，我们得给它打 50% 的折扣，也就是说签约率接近 2%。这也意味着五步标识设计法的潜在客户约是五万八千家企业的 2%，即一千一百六十个,前提是一个公司只有一个标识。但现在大多数公司都为下属部门和产品设计新标识,从这个事实来看,这个估算是比较保守的。如果一个标识按 10000 美元来算,整个城市的市场潜能就是 1160 万美元。这听起来是很不错的,而且我们还没算你以后有可能发展,在其他的城市成立分公司。如果你能在其他地方复制这个模式,那么你的标识设计业务将会价值 1 亿美元。"

在这次面谈中,亚历克斯第一次觉得拒绝 USW 其实是个不错的选择。

TED'S TIP 7

特德箴言　第七条

　　花些时间来弄清楚销售前景。当你想要出售你的企业时,数字是很关键的因素,因为买者会据此推断你的企业的市场潜能。

"一个买家不仅想知道你企业的规模,"特德继续说道,"他们更想了解你是否有一个可预见的销售模式,使你可以预计具体的销售额。例如,你发邮件给四十四家企业,两周后你成交了两笔。也就是说,你一周销售一个标识。如果一个销售员每年工作五十周,那他们每个人一年可以销售五十个标识。由此,我们可以做出各种推断。例如,如果下一年你想获得 100 万美元的收入,那么你就需要雇佣两个销售员。如果你认为有能力取得 200 万美元的收入,也就是承担两百个标识设计,那么你需要雇四个销售员。"

"买者希望看到你销售的模型,包括市场机会的数目以及收盘汇率,以此来评估市场潜能。你必须表现出对自己公司的销售模式很熟悉，并能够准确估算出它的运营状况。最重要的是，你要证实自己并不是唯一能出售它的人。"

"但是我还没有销售人员。"亚历克斯提醒特德。

"我明白。你至少要雇两个。"

"为什么是两个？先一个不行么？"

"销售人员的竞争意识很强，他们会相互竞争，这样你就能保证，你的销售业务不仅仅依赖于一个厉害的销售员。同时，你每年都有 600000 美元的工资和租金支出，所以你今年要出售至少 100 万美元的标识才能盈利。"

亚历克斯仔细算了算，但好像不太对。

"如果我雇佣两个销售员，那么我的工资和租金支出岂不是要高达 700000 或 800000 美元了么？"

"如果你保留所有的员工，当然如此。这一周，多花些时间好好考虑一下五步标识设计法的团队究竟需要哪些人。我敢说，一定有一两个人是你不再需要的。"

亚历克斯走出了特德的办公室，他意识到接下来的一周里，他又要进行一些艰难的谈话了。

TED'S TIP 8

特德箴言　第八条

　　两个销售员总比一个好。由于他们往往具有争强好胜的性格，所以会努力超越对方。拥有两个雇员也向买者证明，你有一个可继续发展的销售模式，而不是仅仅倚靠一个好的销售员。

BUILT TO SELL
Creating a Business That
Can Thrive Without You

第 6 章

候选人

　　托尼·马蒂诺是一定要解雇的——他实在是个糟糕的广告文案，而亚历克斯的五步标识设计法中不需要广告文案，亚历克斯可以雇佣自由职业者来处理银行委托的零散广告文案策划工作。谈话很快就结束了，托尼对此早有预料，亚历克斯也对他足够公正。

　　和迪安的谈话更困难些。为了安抚他的情绪，亚历克斯试图描述在一家更大的营销代理机构里，迪安会经手更多的重要项目，而留在斯特普尔顿，他的很多才能是得不到发挥的。迪安听完气呼呼地走了。

　　没有托尼和迪安，斯特普尔顿每年可以省下 125000 美元。亚历克斯决定先不找人接替萨拉，这样每年又可以为公司省下 70000 美元。这样一来，即使他再雇佣两个中级销售员，总成本基准也没有增加。

＊　＊　＊

　　布莱克·沃辛顿刚刚在家里的避暑别墅过完两周的假期。他六英尺两英寸高的好身材上,穿着一套蓝色西装,洁白的衬衫袖口装饰着做旧的袖扣,和手腕上的劳力士手表发出叮叮当当的碰撞声,那是当年他从柴郡预科学院毕业的时候父亲送给他的。皓齿和古铜色的肤色相映衬,温莎结小心地系着,一头金发整齐又有型。

布莱克是亚历克斯筛选出的斯特普尔顿新销售岗位的四名候选人之一。他们握了握手,开着无伤大雅的玩笑聊了起来。

亚历克斯瞄了一眼布莱克的简历。从柴郡毕业后,布莱克去了康奈尔大学。毕业后他在东南亚待了六个月学习风筝冲浪,后来又回到美国找到了现在的工作。过去两年里,他在一家大型广告集团担任业务发展团队的初级成员。

"你为什么想来斯特普尔顿工作?"

"大企业是培养人的好地方,但是我现在更想看到自己工作的直接成果。"很显然,布莱克说的正是亚历克斯最想听到的东西。

"你对现在的广告业有什么看法?"

布莱克坐直身子,感到打动亚历克斯的机会来了。

"我很欣赏品牌的力量。我乐于探索品牌的核心内涵,并通过不同的媒体,以更新颖的方式来表现它。我是行业融合的信徒。人们总说电视已经落伍了,但是如果你想塑造一个品牌,你离不开电视的力量。"

面谈有条不紊地展开,亚历克斯不断抛出问题,布莱克也给出了体面而又让人印象深刻的回答,尽管这些答案可能来自于一些职业建议书,但仍然相当有说服力。亚历克斯答应下周给他消息。

亚历克斯很欣赏布莱克的优雅、清白的身世和以往在大广告公司工作的经历,相信他定能很好地服务于斯特普尔顿。他在布莱克的简历上打了一个大大的勾,把它和其他候选人的简历放在了一起。

* * *

回到办公桌前,亚历克斯注意到邮箱已经被新邮件爆满了。约翰·史蒂文斯希望明天与亚历克斯见面,谈一谈宣传册的西班牙文语版本;奥尔佳想知道复印机是否可以续租;萨拉想要和他商量一下拖欠的带薪休假工资。最后还有一封来自齐格的邮件,主题为"感谢"。亚历克斯打开信。

亚历克斯:

　　你的团队为天然萃取有机冰淇淋设计的标识让我们觉得十分满意。我今早刚刚和瑞娜会面,她给我展示了克里斯设计的彩色版设计方案。看起来很不错,我已经把你们的商标审查指南发给了我的员工。瑞娜的效率很高,使项目进展很顺利。克里斯是个很有想法的人,和他合作很愉快。希望有和贵公司再次合作的机会。再次感谢!

齐格·爱泼斯坦

亚历克斯十分惊喜。从客户那里收到感谢信是一件非常开心的事情,不过以前的来信总是单单赞赏亚历克斯个人的创造力和深思熟虑。齐格的信有特殊的意义,因为它认可了整个团队。亚历克斯第一次感觉自己在建设一家企业,而它不仅仅依靠亚历克斯一个人。

考虑到瑞娜和克里斯在天然萃取有机冰淇淋的标识设计方面颇有成效,亚历克斯决定让他们负责五步标识设计法。瑞娜负责前两步"构想"和"拟人",克里斯要负责后面三步。瑞娜并负责书写和说明商标审查指南,并在整个过程中与客户沟通。亚历克斯已经拥有了负责产品交货的体系和人员,现在整个框架中只缺一个销售团队了。

* * *

安吉·撒克穿着一身经过精心挑选的服装,来到亚历克斯这里面试。她头发后拢,整齐地落在深蓝色西装的肩上。

亚历克斯又看了一眼她的简历。从州立大学毕业后,安吉在当地一家无线电零售商店找了一份手机销售的工作。她一直是店里最棒的销售员,两年之后,她在某家大型电话公司负责销售黄页广告。很快,她便进入了该公司全国前10%的优秀销售员行列。

"你为什么想来斯特普尔顿营销代理公司工作呢?"

"我喜欢销售,而且知道贵公司正在组建一个销售团队。我希望能帮助您从零开始组建一个职业销售团队。"

"什么可以使一个销售员更专业呢?"

"我成功的关键就是要做到心中有数。我明白一次销售需要经过多少次面谈，我知道我一周需要完成多少销售才能满足预定的销售额，而这会帮助我完成每月、每季度甚至每年的任务。而所有这些的前提就是，我要知道一周要安排多少次面谈。"

看到安吉把自己的目标分配得如此明确，亚历克斯感到很吃惊。出于好奇，他想知道更多。

"你的动力是什么？"

"我是一个竞争者，我喜欢赢。"

面试继续进行着，亚历克斯感觉到自己好像是在动物园观看一只稀有动物。成长在一个创新行业中，亚历克斯以往接触到的都是创新型人才。他从没有见过如此自律的人，有如此线性的思维过程。

亚历克斯结束面试后，承诺下周给安吉消息。

* * *

周二的早上，特德打电话给亚历克斯，问他是否想出海在船上谈。天气预报说会有 15～20 级的风，所以他们约在特德的游艇俱乐部里见面。

特德完全可以买一艘更大的船，但是他喜欢在广阔的水域中驾驶小船的感觉，因此便选了 Laser 4000①。一边帮特德整理船，亚历克斯大概讲了一下他们上次见面之后的进展。他提到自己通

---

① 著名的赛艇型号。由两人驾驶，流行于欧洲。——编者注

过解雇托尼和迪安、空下萨拉的位子,使得自己有资金聘请两个销售员。他也提到了自己面试过的销售员候选人,主要对比了布莱克和安吉两人。他们在不同的方面给亚历克斯留下了不错的印象,他希望对特德仔细描述一番。

"布莱克很懂服务业。他已经在一家营销代理机构供职两年,非常了解这个创新性行业,他知道如何出售无形资产。"

特德仔细听着,扬起帆,驶出港口。他一边让船正对着风向,一边询问亚历克斯:"给我说说安吉吧。"

"安吉完全不同。她完全不懂市场营销行业,她过去职业中的大部分时间都在销售可以触摸和感受的有形商品。她注重程序和系统,目标极为明确。"

特德又问道:"看起来两位候选人的差别很大。其他人怎么样呢?"

亚历克斯想了想,说:"可以把他们分成两类:像布莱克那样有销售服务背景的人,像安吉那样销售有形产品的人。"

眺望着远方的地平线,特德根据自己的经验为亚历克斯提出了建议:"我认为你应该极力避开布莱克,组建一只全部由安吉那样的人组成的团队。"

特德坚决的态度让亚历克斯很吃惊。"你怎么这么确定?布莱克是康奈尔毕业的,他的父亲跟城中的很多 CEO 熟识,他曾在国内最好的营销代理机构工作过。"

"根据我的经验来看,像布莱克这样过去供职于服务行业的人很擅长顾问式销售。他们会问很多开放式的问题来探究客户的需求。客户表达他们内心深处的恐惧不安,然后期待布莱克这样的人为他们量身定制解决方案。布莱克会努力说服你根据每个客户的独特需要来实施五步标识设计法。"

"那么你凭什么认为安吉可以做成呢?"

"从你对安吉的描述来看,她非常理想。你有一个设计模式,而且已经把它变成了一个分为五步实施的产品,它不会根据客户而改变。有形产品的销售人员习惯于绞尽脑汁找出产品符合潜在客户要求的地方,因为即使客户提出需求,他也不可能改变公司的产品,他们需要对产品进行定位,以满足对方的需求。这正是销售五步标识设计法最合适不过的人选。"

亚历克斯认真地听着。风大起来了,他们加快了船速。

特德箴言　第九条

　　雇佣那些擅长销售商品而非服务的人。他们能更好地找出你的产品满足客户需求的地方,而不是同意个性化你的产品,以适应不同客户的需求。

"听起来,这和一个服务提供商的直觉截然相反啊。"

强风和越来越大的船只倾斜角度没有使特德胆怯,他回头叫道:"正是如此!让我再强调一次,除非经历一个长期、痛苦又风险巨大的盈利能力支付计划,否则大部分的服务性企业是无法出售的。他们依赖于企业的创建者来呼风唤雨,一旦创建者走了,就没有业务了。那些收购公司也深知这个道理。所以你必须停止自己做销售，而是把手中的缰绳交给安吉那样的销售团队。"

他们加快驶向海湾外，海浪变得更高了。一段长时间的沉默后，特德加大了这项工作的筹码，"亚历克斯，下一步需要你付出很大的勇气。你准备好了么？"

"什么都不比和你一起出海需要更大的勇气。"亚历克斯半开玩笑地说道。

"是时候告诉你现有的客户，你已经无法继续承接他们的广告需求了，你要专注于进行标识设计了。"

亚历克斯立刻开始揣摩特德这个指示的含义。

"我还可以继续为 MNY 银行的其他项目服务么？"

特德很坚决，"绝对不可以。"

亚历克斯提醒特德，他的提议可能会造成财务方面的影响，但特德坚持自己的立场。"亚历克斯，你不能再三心二意了。如果你再接标识设计以外的项目，那么你将会让所有的利益相关者不知所措。"

"特德，MNY 银行的项目去年占我们总收益额的 40％。"

"我知道，但这个结果会导致你的企业无法拍卖。如果你继续提供以往的服务，那么你需要找人填补资深设计师和广告文案的空缺，同时你也是在向市场宣布，你并没有专注于标识设计。MNY 只和你个人谈，所以一旦你出售公司，就无异于在之后数年内作茧自缚。如果让客户选，他们总是宁愿选择个性化的解决方案,也就是说,如果你在提供传统服务的同时进行标识设计业务,你的五步标识设计法就永远没有机会施展。"

"我需要好好想一想。"亚历克斯说道。

"我已经警告过你了,你需要拿出勇气来迈出这一步。"

特德生气地示意亚历克斯看好他手中的舵柄。

"我在要求你对原先公司的想法进行 180 度的扭转,这就像让船从一舷转至他舷。"说着,特德把舵柄使劲拉向自己。船只顺风倾斜,角度大得令亚历克斯觉得难以置信。帆桁随着船的转向猛烈地摇摆,从船的一侧偏向了另一侧。特德把亚历克斯推向船的另一侧,同时向内拉帆,身体紧靠亚历克斯。风灌满了帆,狂击着它。特德站了起来,双脚踏在船舷上,船开始向岸边驶去。

"要让船从一舷转至他舷,你必须把舵柄完全拉向一侧。在船帆换方向的某一瞬间,你会感觉到有一点失控。你不能三心二意,如果不把舵柄完全拉向你身边,你就永远没法把船转向,最终将会落入水中。我是在教你为斯特普尔顿转帆。"

BUILT TO SELL
Creating a Business That
Can Thrive Without You

第 7 章

成长的烦恼

安吉在斯特普尔顿营销代理公司的第一周工作卓有成效。亚历克斯根据城市的象限把潜在客户划分为四个区域。安吉从她以前销售黄页广告的同事中推荐了一位，一起做销售员。经她推荐，亚历克斯认识了谢默斯·奥赖利。

在安吉原来公司的销售员中，谢默斯的业绩同样位居前 10％。两人曾经长期共事，并为每个月谁会占据鳌头而进行友好竞争。在谢默斯身上，亚历克斯看到了很多安吉身上同样也有的优点，于是他毫不犹豫便聘用了谢默斯。

两周之后，谢默斯便开始在斯特普尔顿工作了。他做的第一件事是在办公室的中央竖起一块白板，详细记录两位销售人员每周的销售数据。每天他们都会更新本周已确定的面谈数量和已售出的标识数量。他们的目标是每人每周售出一个标识。

到了第四周，安吉每周的会谈已经能保持在十个，而谢默斯也达到了八个。在那个月最后一个周五，安吉终于售出了她的第一个标识。她抱着签好的合同,狂奔向亚历克斯的办公室,按响了安吉和谢默斯一起安装在亚历克斯办公室门口的门铃。整个斯特普尔顿的人都听到了,人们从座位上站起来,和他们共同庆贺。

那天晚上回家的路上,亚历克斯一路狂喜。他不仅创造了一套设计流程让别人可以套用,并且还使所有人都有能力销售它了。不过他把车开进车库的时候才突然想到,自己竟然连安吉售出第一家标识的对象公司的名字都不知道。他只顾沉浸在无尽的喜悦中,感觉自己做了一件了不起的大事。

* * *

亚历克斯和约翰·史蒂文斯约好了在他办公室里讨论 MNY 西班牙语版宣传册的事情。亚历克斯基本上不穿西装,但是这次,他却为了某些原因穿上了。

彼此寒暄一番后,约翰马上开始描述他希望宣传册做哪些改变以便适应西班牙市场。亚历克斯仔细听着。下完最后一道指令,约翰便开始收拾东西,暗示自己已经没什么要说的了。亚历克斯知道是时候了。

"约翰,过去几年跟你合作很是愉快。事实上,我们曾共同合作过很多不同的项目。去年我们专为财富管理部门设计的标识是其中的典型,你还记得吗?"

"当然记得,你们做得很成功。听我说,亚历克斯,我还有一个会要参加,所以……"

"只占用你一点点的时间,我们为财富管理部门设计的表示不是特例,事实上,我们在为很多客户设计标识中都获得了成功。所以现在,我们打算专门从事标识设计的业务了。"

"太棒了,亚历克斯。那么我什么时候可以见到西班牙语版宣传册的第一版方案呢?"

"约翰,下周一我们就会把第一版方案拿给你,但这将会是我们最后一次为你们提供宣传册设计服务。专门设计标识,也就意味着我们今后不会再承接其他项目了。"

"但是亚历克斯,MNY 银行每个月都能给你数万美元的工作。我不知道你居然能对我们发号施令?"

"我明白,约翰,我也很感谢你们过去对我们的支持。但是我们已经做出了决定,我希望今后如果你们有新产品需要标识,我们可以再度合作。"

"我想说我很失望,我很赞赏你们的专一模式,但我一直以为我们公司是个特别的客户。"

"你们的确是一个特别的客户,这也是我亲自通知你这件事的原因。"

亚历克斯对自己的决定很满意。他坚持了自己的立场,第一次昂首挺胸地走出了约翰的办公室。

* * *

自从斯特普尔顿成立,哈里·斯顿伯格便开始担任亚历克斯的会计。他每个季度都会在斯特普尔顿的办公室待两天,和亚历克斯的行政主管奥尔佳一起工作,确保应收款项正常进行,税收按时支付。哈里会重查一下奥尔佳开出的发票以及公司产生的支出,然后开出一张损益表,详细记录公司这三个月的财务情况。

按约定,哈里应该在上午十点会见亚历克斯,但和往常一样,他提前到了。当他一边整理雨伞一边跌跌撞撞地迈入亚历克斯的办公室时,亚历克斯正和安吉以及谢默斯一起检查白板上最新的一批数据。看到哈里来了,亚历克斯马上和他打招呼:"你好,哈里,随意坐吧。我一会儿就去办公室。"

哈里坐定,从公文包里面拿出一沓纸、一支铅笔和一个铅笔刀,又拿出一台笔记本电脑和一个大号蓝色文件夹。

五分钟过后,亚历克斯走进了办公室。

"谢谢你来这里。我们这个季度的财政状况如何?"

哈里犹豫了一下,然后决定直截了当地告诉亚历克斯。

"不是很好,你们这个月预计会亏损 12000 美元。如果形势没有改变,下个月将继续亏损 9000 美元。"

"这怎么可能呢,哈里? 我们正在疯狂地销售标识,我们在银行也有很多的资金。"

"资金充足是一个亮点,但是出售那些标识正在毁掉你的企业。"

"我很疑惑你为什么这么说。"

"每卖掉一个标识,就会提前收到 10000 美元,这对你的现金流来说是很好的。但是根据 GAAP(美国通用会计准则)的评估标准,由于你收入这笔款项到结束项目要三个月,我需要将这笔收入进行三等分。也就是说,这个月我只能承认你的进账是你为一个标识项目收费的 10000 美元中的 333.33 美元。你必须有把利润从一个月分摊到三个月的意识。也就是说在账面上,你每月的利润要去掉三分之二。"

"也就是说我们这个月要亏损了?"

"对,如果你重新不承接别的项目,下个月也是如此。如果这种情况一直延续,今年的年终奖就不可能兑现了,甚至你会在今年年底破产。"

亚历克斯一边听着哈里的话,一边在心里埋怨特德。他本应该接下 USW 的项目的。

* * *

亚历克斯加快雨刷,冒着雨将车开进了特德的地下停车场。又是周二,这场雨和之前哈里的会面加在一起,把亚历克斯的心情搞得乱糟糟的。

神采飞扬的辛迪接过他的外套,给他灰色的早晨带来了一抹阳光。特德正准备挂电话,招手让亚历克斯进去。和往常一样,亚历克斯坐在了咖啡桌前面的白色大皮革沙发上。特德走过来,和亚历克斯打了招呼,照旧询问他近期的情况。

"告诉我数据。"

"安吉和谢默斯每周每人能约到八到十个面谈。安吉上个月售出了五个标识,谢默斯售出了四个,他们很好地实现了每周售出一个标识的目标。"

"这是个好消息,亚历克斯,你肯定喜出望外了吧。"

"对也不对,上周我见到了哈里,他给了我一些麻烦的消息。"

"哈里都说了什么?"

"哈里说我本应该接下 USW 的项目。"

"他当然会这么说,亚历克斯。哈里只负责统计数目,他并不清楚我们在做什么,也没有能力区分从出售标识中得到的良好的、可扩展的利润,和从其他项目中得到的坏的、一次性的利润。在他眼中,这些全是收入。由于五步标识设计法需要三个月才能完成,所以他有义务把它算在三个月的损益表里。当你将业务从多种一次性项目转向单一的产品化服务时,你会经历一个阶段,从账面上看,你似乎陷入了困境。我问你,你的银行账户看起来情况如何?"

"我们有很多的现金,因为我们出售的所有标识都要求提前付款。我很吃惊,玛丽竟然没有打电话来邀请我吃午饭。"

"当你正在做出改变的时候,从账面上看你是亏损的,但是只要你的现金流正常,而且你不断地出售标识,三个月后你就会开始盈利了。在账面上,你当月售出的标识都会成为你本月的进账。每个月初,你都有一定的收入基础,每售出一个标识,盈余就会增加。只需要牺牲接下来三个月,你的损益表就能赶上你现在正在做的进步了。"

"但是我的财年两个月后就结束了,而我原本准备申报一笔奖金来偿还我的抵押贷款,但现在,今年公司没有多少利润了。"

"的确如此,亚历克斯,今年你可能要缩减你的奖金了。但是想一想,这是获得未来的巨大收益的路上的非常温和且短期的痛苦。如果能有别人收购你的企业,你将会有能力偿还如今十倍的贷款。这么看来,今年受一点小小的损失也是值得的吧。"

"我怎么可能卖出一家不盈利的企业呢?"

"亚历克斯,打造一个能够出售的企业需要时间。在很长一段时间里,你和我都必须坚持。"

"要坚持多久?"

"大概需要两年或者更多时间。"

"两年太久了,特德。"

"是的,但是你经营斯特普尔顿已经有八年之久,难道还在乎再花费两年时间让你所有的辛苦得到回报么?如果你现在出售公司,我很难相信有人会愿意买它,除非你答应和他们签订为期五年的盈利能力支付计划。我在帮助你把五年缩短为两年,这帮你节省了三年时间。"

特德箴言　第十条

不要计较损益表情况,因为这一年,你正在转型为提供标准化的产品,即便你和你的员工必须放弃这一年的奖金。只要你的现金流足够坚挺,你马上就会回归盈余状态。

"既然你这么说,我也不好拒绝了。我很期待能早日售出公司,让我有更多的时间陪一陪帕姆和孩子们。你知道的,珍妮今年要上高中了,马克斯也快了。在他们上大学离开前,我已经不剩多少时间了。"

"我明白,亚历克斯。接下来两年会很辛苦,但是也将会是愉快的。你的现金流将会变得坚挺。你不再需要为每一个客户上门服务，这会让你减少为客户头疼的机会。你很可能会有时间和家人一起度假。我想你会发现，接下来的两年将会远比过去两年更让人开心。当你发现你正在打造一家可出售的企业时，你会获得更多的自信。"

特德箴言　第十一条

　　在出售企业前，你至少需要两年的财务状态表来证明，你采用了标准化的生产模式。

帕姆·斯特普尔顿嫁给亚历克斯已有十四年之久，是她鼓励亚历克斯创办斯特普尔顿公司，多年来，她一直是亚历克斯事业上的精神支柱。但是自从生活中出现了孩子、各类账单和贷款，帕姆现在最期待的是亚历克斯拿回家的奖金支票。

亚历克斯明白，他必须把这件事向妻子缓缓道来。

"亲爱的，我需要和你说说我最近和特德·戈登一起做的事情。"

"好啊，我正想问你，你们每周二在谈些什么呢？"

"我们已经有了很大的进展，但是现在到了关键时期，这可能会影响到我们家今年的财政状况。"

"你到底想说什么？"帕姆犹豫地问道。

"我们正对公司做一些变革，长远来看，它会帮助我们顺利地售出公司。但短期来看，今年我赚的钱账面上会变少，这意味着我没法申报奖金了。"

"但是亚历克斯,你答应过今年要付清贷款的。而且我们告诉过孩子们,春假时要带他们去夏威夷。现在看来,我们没有钱做这些了。"

"我知道,假还是要去度的,只要找一些不太贵的地方就行。今年我们必须做出一些牺牲,但如果我们顺利,我就能出售公司,以后我们就会有更多的机会去度假了。"

亚历克斯抱了抱妻子,并在心中暗下决心,以后定要好好补偿她。

* * *

在接下来几个月中,斯特普尔顿营销代理公司的日子开始有规律起来。安吉和谢默斯每周都能保持出售一个标识的量;瑞娜的工作有章可循,感觉很满意;克里斯在设计标识方面变得越来越有效率;大部分斯特普尔顿的客户对结果都很满意;奥尔佳每周五下午都去银行,而她存入的支票越来越多。事情进展得很顺利,这让亚历克斯能抽出一天时间离开办公室,思考一些事情。

* * *

亚历克斯打开车门,吸了一口带着咸腥味的空气。他走在通向海边的小路上,海浪不停敲打着岸边。道路从六十英尺高的沙丘间穿过,随着它转向南面,沙滩上的房子映入眼帘。它孤零零地坐落在海滩上,离旁边最近的房子至少还有 500 英尺远。整个建筑被窗子包围,它反射着东边升起的太阳光。十一月的早晨,沙滩上非常冷清。亚历克斯想象着,如果是在温暖的八月下午,这里将会是怎样一幅热闹景象。

现在是淡季,特德的家人都不用这个沙滩别墅,因此特德把它借给亚历克斯来进行他们的规划会议。亚历克斯开始审视他在接下来的二十四小时中将要居住的屋子,第一间似乎是家庭活动室。房间很大,家具颇有现代气息,可以看到日出。

他打开一个带有双门的房间,这里似乎是主卧室。脱掉鞋子,躺在双人大床上,他想象着自己清晨在太阳跃过地平线的时候醒来。与主卧室相连的露台上摆着一张柚木桌子和两张充气椅子。除了宽敞的主卧区之外,还有一扇门通向浴室,里面有双头淋浴龙头和加热板岩地板。

厨房通向外间也是双门,可以看到房子外一周延伸出三十英尺的地板,杉木做的浴缸大得可以给十二个人用。他瞄了一眼韦伯牌的不锈钢厨具,心里暗叹,这是烹饪冰箱里那块十盎司的菲力牛排的完美厨具,真是一个煎牛排的好东西。今天将是美好的一天。

特德答应把沙滩别墅借给亚历克斯的条件是让他抽出一些时间回答一个简单的问题。特德已经把问题写在了纸上,并放进了一个小信封里,嘱咐亚历克斯只有到达别墅后才可以打开。出于好奇,亚历克斯打开了信封。里面是一张卡片,一面潦草地写着:

　　亚历克斯,你准备开价多少出售斯特普尔顿营销代

理公司?

　　　　　　　　　　　　　　特德

　　这是过去八年中亚历克斯一再考虑过的问题。

　　亚历克斯从不同的角度考虑了这个问题。首先他问自己,这

个企业对别人来说到底有多少价值。下个月就到公司的财年年底

了,哈里已经帮他算出了年末时他简单的经济状况:

　　收入:1400000 美元

　　支出:1313000 美元

　　税前利润:87000 美元

　　亚历克斯明白,像他公司这样的小型服务企业一般只值三到

四倍的税前利润,也就是说,现在公司的价值还不到 500000 美元,

这远远达不到他的预期。

　　然后他又从另外一个角度思考了特德的问题:这家公司对自

己来说价值几何? 出价多少才会让自己感到财务自由呢? 当然,

这个数字较上一个角度得到的答案要大很多。考虑到两者之间的

巨大差距,亚历克斯决定继续实施计划,但他决定,要在离开海滩

别墅之前给特德一个明确的回答。

　　余下的早晨,他都在筹划着明年的各种安排。他想到,他需要

有良好的财务状况来吸引买家,这需要同时显著提高收入和利润。

安吉和谢默斯每周都能确保出售一个标识,每个标识售价10000美元,也就是说,他们一个月会有将近百万美元的销售额。他在便签本上潦草地写下这些数字,并根据各种各样的情况进行演算。他有足够的自信可以雇到更多的销售人员,但他必须保证瑞娜和克里斯有精力工作。五步标识设计法是一种全新的模式,但他肯定这种模式将会带来更多收益。他定下了2500000美元的年度收入目标,并记下他打算另雇三个销售员,再雇一个客户总监和一个设计师来减轻瑞娜和克里斯的负担。

然后他开始考虑支出的问题。15%的税前利润率,即375000美元应该是一个合理的目标,因为标识设计并不会带来任何硬成本。他把支出明细逐条检查了一遍,寻找削减成本的地方,以实现自己的税前利润目标。他决定不再订购《广告时代》了,因为他不再提供广告设计服务;临时的广告文案员也不再需要了;而且今年他也没必要再去圣地亚哥参加美国广告代理协会一年一度的媒体大会了,因为他不需要再为客户联络媒体了。他惊喜地发现,专门进行标识设计会给他带来极大的成本削减。即使再雇三个销售员,并为瑞娜和克里斯雇两个助手,15%的税前利润率目标看来也是十分合理的。

这个早晨,一切进展顺利,亚历克斯尽情地享用他从城里带来的三明治。午饭后,他来到沙滩漫步。沿着岸边散步的时候,他的大脑中又开始思考特德的问题:这份辛劳八年之久的工作对自己到底价值几何呢？开价多少才更实际呢？他反反复复地思索,始终给不出一个确切的答案。

午后在沙滩别墅里度过,他一直认真思索着,要做出怎样的改变,才能使销售额达到 2500000 美元。

厨房里的韦伯牌自动烧烤架只需轻轻按下按钮便开始工作了。亚历克斯把烤架调到高档,让它预热五分钟。他打开新买的贝灵哲葡萄酒的盖子,斟了一杯,但并不急于品尝,而是慢慢待它醒好,融合海洋的气息。烤架到达四百度时,亚历克斯把肉的两面都烤了五分钟,晚餐准备好了。

他把肉排切下了薄薄的一片,仔细观察了一下颜色——很好的暗粉色。吃起来味道也很不错,很快,第一片便和一大口红酒一起下肚了。他轻轻闭上了双眼,细细品味两种风味混合在一起的滋味。

一个人吃着饭,亚历克斯微笑着回忆和特德一起取得的进展。他现在再也不用卑躬屈膝地为 MNY 银行工作了,相反,新客户源源不断。他不用对所有的客户事必躬亲了,只需瑞娜依照操作说明执行便可。他不用再很晚致电玛丽·普拉丹请求宽限还款日了,只需考虑如何把多余的现金用于投资。他再一次想到了特德提出的问题。他为自己又斟了一杯加州最好的美酒,趁着酒劲正盛,他决定先把自己公司的现实价值放在一边,而是考虑要过上自己理想中的生活,究竟需要多少钱。

有一些东西是必需品,但他惊讶地发现自己的物质需求是如此的简单。他喜欢他现在正用的车,房子有贷款需要还清。如果有一栋沙滩别墅,那很不错,但并非必要。他可能要和帕姆以及孩子们去旅行。总的来说,他对生活的要求并不苛刻,他真正渴望的是自由。他的工作时间向来都听人差遣,服务客户,他已经厌烦了别人告诉自己要做什么,他想从工作中挣脱出来。酒劲淡化了他对公司现实价值的考虑,亚历克斯回答了特德的问题。

他想出价 500 万美元出售斯特普尔顿营销代理公司。

BUILT TO SELL
Creating a Business That
Can Thrive Without You

第 8 章

报　价

　　把路虎开回市区的路上,亚历克斯心里充满了满足感,六十英里每小时对于 V-8 发动机来说轻而易举,很难听出来车子正在以高达两千转的转速工作。时间尚早,所以他停下来买了一杯星巴克大杯咖啡后,便直奔特德的办公室,把海滩别墅的钥匙交还给他。

　　进办公室的时候,特德正准备挂电话,示意亚历克斯先在一旁等待。挂了电话,亚历克斯把钥匙交给了特德。

　　"谢谢,特德。那真是个好地方。"

　　"你喜欢就好,亚历克斯。我们的计划进行得怎么样了?"

　　"很好。我打算今年把年收益提高到 250 万美元,并希望税前毛利率达到 15％。"

　　"那对现在的情况来说将是一个很大的飞跃。打开我留给你的信封了么?"

　　"是的。"

"那么,你打算开价多少?"

没想到特德如此直接,亚历克斯略微踌躇了一下。

"一开始,我仅仅考虑了公司在我自己眼中的价值,但后来我看了我们的目标,接着……"特德耐心地听着亚历克斯慢慢阐述自己的理由。"我考虑了我至今为止为企业投入的心血,以及接下来两年要做的事情……"

一想到要把心里的价位告诉特德,亚历克斯就一阵紧张。他抬起头,犹豫了一阵,然后说道:"我打算开价 500 万美元。"

特德听到这个数字,一点都不感到吃惊,相反,他做出了一个简单明了的指示。

"我需要你为我做些事情。现在你可能没法马上明白为什么要这么做,但是相信我,时间会证明一切的,而且你会庆幸今天这么做了。来我这儿拿一张卡片。"特德给了他一张卡片,和在海滩别墅写给他的那种一模一样。"现在在上面写下 500 万这个数字,把它放进信封里,并封上。"

"听起来好神秘啊。为什么我要把它写下来呢?"

"日后你会明白的。先把它写下来吧,把信封放在数年后你仍旧能找到的地方。"

* * *

安吉和谢默斯十二月份的业绩依旧不错。虽然是假期,安吉仍旧卖出了六个标识,而谢默斯的成绩是五个。以前亚历克斯曾让安吉和谢默斯向他推荐之前工作中认识的销售人员,谢默斯的一个朋友在听到他夸耀自己的新公司后便表示有兴趣加入。在一次简短的面试后,亚历克斯决定雇佣他。安吉也推荐了一个因生育而离职数年的朋友。另外,亚历克斯的朋友也推荐了一个人选,这样,他便获得了第五个销售员。

安吉和谢默斯帮助新同事熟悉了他们设计的销售系统。同时,亚历克斯也联系了所有熟识的人,说他需要一个新的客户总监。他面试了六个人,希望能找到一个像瑞娜那样注重细节的人。最后,他雇用了贝琳达·卡特,此前她在一家汽车租赁公司任分店经理。瑞娜和贝琳达又雇用了一个助手,专门负责帮忙处理一些琐碎的事务。

亚历克斯联系了他学艺术的母校,告诉教授们他正在找可以徒手画草图并能熟练操作最新计算机设计软件的设计师。他让克里斯面试了几个,最终一起挑选了一个。

斯特普尔顿营销代理公司在不断壮大:五个销售员、两个客户总监、两个设计师、一个助手,还有奥尔佳负责行政和财务。

* * *

雪一夜未停,让亚历克斯比平时晚到了办公室。他把车停在老地方,步履蹒跚地踩着雪泥走进大楼。他用力抖掉身上的雪粒,直接来到办公室。安吉正靠在他办公室门前等他,看到他来了,便走到一边让出路,说:"亚历克斯,咱们能谈谈么?"

"当然可以,安吉,先让我把外套脱掉……"

安吉抓住时机,不浪费任何时间。

"我很高兴我们的销售团队又多了三位新成员,但是我真是越来越捉襟见肘了。他们有太多的问题要问,我也很想帮他们,但是这已经开始影响我自己的业绩了。我想谢默斯应该和我有相同的感受。"

亚历克斯试着安慰安吉,"安吉,我知道你在帮助新同事上付出了很多,我很感激你为此额外付出的时间。"

"谢谢,但是我想面对现在的处境,你需要做出选择,我到底是应该负责销售还是负责管理,我无法两者同时兼顾。"

亚历克斯答应下周和安吉见面时给她最终答复。

* * *

这个月的最后一个周二到了,和过去的半年里的大多数周二一样,亚历克斯再次与特德会面,汇报了这周的数据。

"目前看来,二月是业绩最好的。"亚历克斯说道,"安吉售出了四个,谢默斯售出了五个,而所有的新员工也都卖出了他们的第一个标识。"

"亚历克斯,这真是个好消息!"

"但是这些进步也带来了一些问题。安吉要花费很大时间培训新员工,我知道贝琳达学习的时候,瑞娜也同样有压力。克里斯已经说了我们需要再雇一个设计师。"

"很好。"特德说道,"你是时候该组建一支管理团队了。"

"这听上去像是 MNY 那种大公司才会有的。"

"如果你计划出售公司,那么你需要证明,公司可以在没有你的情况下正常运行。你需要向潜在的收购者证明,你拥有一支很好的管理团队,能确保没有你的情况下公司依旧正常运转。"

"你的意思是我需要雇佣职业经理人吗?"

"完全不需要。听起来安吉、瑞娜和克里斯都已经是你的经理了,你只需要将它正式化。"

"可能你是对的吧。但是这样不会增加开销么?"亚历克斯提出反对意见。

"不一定。"特德说道,"你可以把他们的薪酬和你的目标挂钩。只需要一点奖金就能做到这一点,这也能让他们有机会分享斯特普尔顿的成长。"

"你是说让他们入股?"

"那样做会造成混乱,是白白浪费时间。我们为什么要在完全不必要的时候稀释你的股权,还把事情搞复杂呢?"

"如果不用股权,我还有什么办法让他们分享公司的成长呢?"

"有很多的选择啊。"特德说道,"你可以制定一个员工忠诚度的奖励制度,根据这种制度,你可以创建一个奖金,在员工入职达到一定时间后发放。或者你可以创建一个绩效奖金,对达到一定业绩目标的员工发放。"

"那你出售的那家公司采用的是什么方法呢?"

"我采用了一种长期激励措施来奖励我的主管们对公司的忠诚以及业绩。"

"具体是如何操作的呢?"亚历克斯问道。

"我给主管们设定个人目标，辅之以相应津贴。我在每年年末发放奖金，并将相同的数额存入一个特殊的资金池中。从该制度实施后的第三年开始，主管们每年能从这个资金池中取出 1/3 的钱。这样一来，资金池中的金额每年都会随着他们的个人绩效不断增值，而他们只有在三年后才能拿到全部奖金。如果他们选择离开，就等于放弃了三年来积累的奖金。"

"我原本以为收购公司想看到的是管理层共同入股……"

特德箴言　第十二条

建立一支管理队伍，并为他们提供一个长期激励机制来奖励他们的个人绩效和忠诚。

"据我的经验来看，收购公司会希望收购的对象有一个很好的管理层，而且有某种形式的长期激励机制确保管理层在公司被收购后仍旧会选择留下。一个办法就是给管理层分股，但是股票和股票期权制度建立起来十分复杂，而且将来可能会给你带来很多的麻烦。综合安吉、瑞娜和克里斯的共同意见来看，制定一个与我曾用过的机制类似的长期激励机制，更为有益。对于一个小型服务企业来说，只有股票能出售的时候，它才有价值。假设斯特普尔顿永远不上市——我想这种可能性很大——又或许你决定不出售公司了，那么公司的股票也就不那么值钱了。作为一名员工，他更希望看到一个简明易懂的现金奖金制度，而不是一家小型封闭型控股公司的股票。"

谈话结束的时候，特德要求亚历克斯在下一周里好好考虑要如何构建管理层的薪酬制度。

亚历克斯提拔安吉为销售副总裁,瑞娜为客户服务副总裁,克里斯为副总裁兼创意总监。新成立的管理层对自己拥有的新头衔感到非常高兴。他给每个人加薪 7%,并模仿之前面谈时特德的描述,建立了一个长期激励机制。亚历克斯向管理层解释道,他们仍然是一家小企业,所以管理层要做的工作和以前一样,升职是为了认可他们要做出的额外贡献。

周五,亚历克斯怀着满足感走出办公室。他已经为他的公司创建了一个标准化的流程,并专注于此,他的员工可以遵循这个流程进行生产。他建立了一个可以不断产生盈余现金的销售系统,以及一个配备长期激励机制的管理层。

离一家可以出售的企业已经不远了。

BUILT TO SELL
Creating a Business That
Can Thrive Without You

第 9 章

蓄势待发

接下来的几个月,斯特普尔顿按照亚历克斯的计划运营得很
顺利。在安吉的领导下,新进销售人员的业绩都不错;瑞娜专注于
细节的工作方式使她成了一个优秀的管理者;克里斯又雇用了一
个设计师,并在不断提高五步标识设计法的效率。根据哈里的统
计,公司上半财年的业绩同样十分喜人:

     收入:1280000 美元

     支出:995000 美元

     税前利润:285000 美元

才半年工夫,公司业绩就快要超出亚历克斯之前设定的收入
目标和利润率目标了。

* * *

让亚历克斯觉得奇怪的是,玛丽·普拉丹突然约他一起吃午

饭。他已经半年没有玛丽的消息了,他的账户信誉良好,而且之前
亚历克斯通常是在 MNY 银行市区分行玛丽的办公室里和她会面,
而不是在市区最好的饭店共进午餐。

服务员走了过来,玛丽点了苏打水。两人谈话开始的几分钟
有些尴尬,因为玛丽之前从未问过亚历克斯的私生活,她不知该从
何聊起。她翻出天气和运动等话题,将对话进行下去,显得有些
局促。

服务员端上了午餐后,亚历克斯便将话题引到了正事上。

"好久不见,你怎么突然会想到要一起吃午饭呢?"

"我喜欢每年和自己的客户见上几次。"玛丽有些夸张地说道,
"距我们上次见面已经有些时候了,从你的账户活跃度看,你们最
近很忙吧。"

亚历克斯决定早些让玛丽摆脱痛苦,于是把她的话当做跳板,
趁机向她说明他们的团队如何专注于标识设计,拥有了良好的销
售体系,并构建了管理层。

"真棒,亚历克斯。我想我的一些其他客户也可以从你的专业
化中获益。"

午餐的餐具被撤了下去,服务员端上了咖啡。玛丽进入了正
题,"我可以提高你存入我们银行的资金的利率。"

亚历克斯点点头,示意玛丽继续。

她环顾四周看看周围是否有人在听,随即降低了音量:"截至
今天早上,你的银行账户里已经有 23 万美元了。从你账户的存款

模式来看,近期内你不会需要这笔钱。你有没有考虑过更高收益的大额可转让定期存单呢?"

亚历克斯礼貌地听着玛丽唠叨着美国联邦存款保险公司①的存款保险和利率等。

在对 MNY 银行的一系列理财产品进行详尽的推销后,玛丽再接再厉:"如果你的公司想要扩大,我们会支持你。"

"你说的'支持'具体是指?"亚历克斯对玛丽含糊其辞感到疲倦了。

"我们可以提供很高的信用额度。你现在已经有 15 万美元的额度了,但我肯定我可以把它提高到 30 万,甚至更多……"

亚历克斯简直不敢相信自己的耳朵。仅仅半年时间,玛丽就从一个穷凶极恶的高利贷者,变成了在城中最高档饭店里为他提升信用额度的人。这真是莫大的讽刺!亚历克斯本想直接指出玛丽前倨后恭的态度,但最后,他仅仅笑了笑,往后倚了倚身子,对 MNY 银行的殷勤乐在其中。

* * *

下半年,公司依旧进展顺利。安吉的销售团队基本上每周能出售一个标识;瑞娜把五步标识设计法的操作说明进行了进一步细化,亚历克斯相信它完全可以和一个登月计划相媲美;克里斯很忙,也很享受指导设计团队中的年轻设计师。在离年末只剩下五

---

① 由美国联邦政府创办、为商业银行储蓄客户提供保险的公司。——编者注

周时,哈里对当年收支做出了预测:

收入:2715000 美元

支出:2225000 美元

税前利润:490000 美元

亚历克斯打算抽出一天时间对来年做一个规划。

* * *

海滩别墅这里一直都在下雨,亚历克斯惊叹于海面的波澜壮阔,以及从特德的别墅看出去的风暴之美。尽管天气不好,亚历克斯仍旧花了一整天时间对公司的下一步做出了规划。

过去的一年中,公司发生了不少可以作为里程碑的事件。安吉和她的团队将销售额增加了一倍多;克里斯带领设计师团队设计出了二百五十多个标识;根据瑞娜那里统计的回头客的数量来看,她已经拥有了一批稳定的客源。

亚历克斯为公司的成长设定了一个基点。他把年度收入目标定为 500 万美元,税前利润率 20%。当晚,亚历克斯给特德写了封邮件,告诉他最新进展。

特德:

很感谢你提供海滩别墅给我,以便我做出年度规划。

我打算把年收入目标定为 500 万美元,税前利润定为 100

万美元！周二见面的时候,我会告诉你详情。

亚历克斯

周二的谈话一开始,亚历克斯很快告知了特德最新的数据。特德认真听着,并对亚历克斯的进展露出满意的微笑。他站起身来,走到窗前,转过脸来对着亚历克斯说道:"我们刚开始合作的时候,斯特普尔顿的经营状况惨不忍睹。你的队员做着自己不擅长的工作;你负责了所有的销售和客户管理;现金流很紧张;在一段时间里,你连度假的时间都没有。"

亚历克斯的思绪一下子回到了十八个月之前。

"是的,那像是很久之前的事了。现在状况好多了。"

"我也觉得你会这么认为,因此我想问问,你是否还打算出售公司。如果今年一切按计划进行,你将会得到 100 万美元的税前利润,你的企业不会像原先那么让你有压力了。你的企业并非资金密集型企业,而你又拥有良性的现金流循环,所以你今年可以申报一笔很大的奖金,并按照你过去做的,进一步壮大公司。"

亚历克斯静静地坐着,听取特德的意见。他打算出售公司的计划已经进行了一年多了,他还没有产生过别的想法。

特德把亚历克斯叫到自己的书桌旁边,一起看电脑屏幕。特德制作了一个有两列内容的表格。第一列上的日期是一年之后,第二列的日期是六年之后。特德把一些数字输入到标有"收入"、"EBITDA(税息折旧及摊销前利润)"和"系数"的行中。

"这个表格里是什么？"

"亚历克斯，如果今年你的税前利润达到了 100 万美元，你也许就能以 500 万美元的价格出售你的公司了。这不正是一年前你的目标么？"

一边说着，特德指向表格中标着"销售收入"的区域，这一格里显示了 500 万美元的数字。亚历克斯忍不住露出了笑容。

"但是，你也可以选择不出售企业。这意味着你要承担所有的风险，并经历艰难的调整。如果你把公司继续经营五年，并且每年以 20%的速度增长——根据你最近的成长来看，这个数字是很有可能的，那么届时，你的企业将会价值 1200 万美元，甚至更多。"

特德指了指表格，"出售公司是个重大的决定，过程会很艰辛，并且会给你和你的家庭带来压力。一旦出售，你就没法回头了。我希望接下来的一周里，你能好好考虑一下这个决策的正确性。如果你下周来时仍旧决定要出售公司，那么咱们就谈谈最后的一些步骤。"

* * *

亚历克斯需要好好想一想，于是他离开了特德的办公室。他来到附近一家星巴克，点了一杯大杯咖啡，选了一个安静的角落坐下。他打开笔记本，翻开空白页，照着以前母亲告诉他的遇到重大抉择时的方式，沿着页面中间竖直画了一条线，在页面左半边写下好处，右半边写下坏处，然后便开始随手涂写。

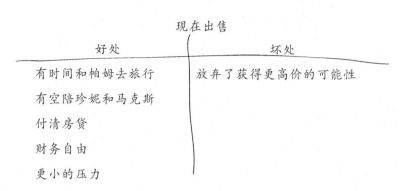

现在出售

好处	坏处
有时间和帕姆去旅行	放弃了获得更高价的可能性
有空陪珍妮和马克斯	
付清房贷	
财务自由	
更小的压力	

　　亚历克斯盯着清单,不断回忆着面谈时特德计算的数字。500 万美元意味着他可以获得财务上的自由。一个金融规划师曾告诉他,将 500 万美元拿去投资,他就可以靠着 4% 的回报过活了。也就是说,在他卖掉企业并缴税后,他下半生仍旧可以享受每年六位数的收入,且永远不用动用本金。珍妮和马克斯可能没机会读私立学校了,但是他们的父亲可以陪在他们身边,而且帕姆应该很开心终于可以摆脱银行的监视,而且他们的财务状况也将变得稳定。

　　然后亚历克斯又想了想若是不出卖公司,五年后拥有 1200 万美元的状况。有了这笔钱,付清房贷和旅行是绰绰有余的。但他马上从梦境中醒来了,因为他想不出有什么值得他去冒这个风险。这额外的 700 万美元的边际利润很有限,但是风险却太大了。五年内经济形势可能会有变化,可能会有其他的竞争者同样专门设计标识,安吉就可以开办一家类似的公司,他可能吃官司……亚历克斯马上赶走了这些奇怪的想法。

　　比起五年后获得 1200 万美元的机会,他更愿意现在就拿到

500 万美元。这可能让他显得有些软弱,特德也可能会因此小瞧他,觉得他算不上一个真正的生意人,但这都无关紧要——他已经下定决心要出售公司了。

* * *

特德和亚历克斯一起坐在了过去十八个月每周二的早上一直坐的椅子上。

"特德,很感谢你列出了那个表格,迫使我重新思考出售公司的动机。"

"不客气,这是个重要的决定。"

"的确,所以我现在很确定,我要出售我的公司。我很现实,我不需要阿斯彭的度假别墅或者私人飞机。我只想要体验真正的财务自由,500 万美元就足够了。"

"我很高兴你能重新做出慎重的决定,我会帮助你一起完成的。希望你已经准备好进行一段艰难的历程了。最后几步可能需要六到八个月才能完成,其中的艰辛可能会让你觉得像在坐过山车。"

"我准备好了,特德。"

"很好,我想是时候找一个顾问来代你出面处理一些事情了。"

"你指的是中介么?你确定我需要?"

"一个好的经纪人不仅能给你争取一个不错的报价,还能在幕后帮你解决很多棘手的问题。"

"你推荐什么样的经纪人呢?"

"经纪人什么样的都有。最理想的状况是,对于经纪人来说,你是一个有意义的客户。一般来说,'经纪人(business broker)'这个词一般指代理小规模交易的个人,交易的总价值一般远小于 500 万美元。你需要找一家擅长兼并重组业务的公司。你选中的公司必须要足够大,能引起潜在买家的重视,

特德箴言　第十三条

找一个顾问,确保你不是他们最大的客户,也不是最小的。确保他们了解你所从事的行业。

但也不能过大,以确保他们对你这单生意的重视度。最好他们已经在你从事的这个行业做过一些业务了。"

"你心中有合适的人选么?"亚历克斯问道。

"我建议你找马克·特拉弗斯谈一谈,他开办了特拉弗斯资本管理公司。辛迪可以告诉你他的电话。你还可以和佩吉·莫伊尔斯也谈谈,她是 EMG 资本管理公司的合伙人。"

* * *

特拉弗斯资本管理公司的办公室位于市中心。对亚历克斯的到访,接待员看上去十分困惑。她淡淡地跟亚历克斯打了个招呼,并说特拉弗斯先生很快就会下来。十分钟后,一位女士迎面走来,介绍说自己名叫阿曼达,是马克·特拉弗斯的助手。她带着亚历克斯顺着一个螺旋楼梯上楼,这个楼梯通往特拉弗斯资本管理公司的二楼。

阿曼达把亚历克斯带到了一间会议室,这个房间能俯瞰整个

城市。亚历克斯数了数,中间巨大的玻璃会议桌周围摆着十二张
Aeron 座椅。坐在如此大的桌边,让他感到很不自在,于是他自觉
坐在了会议桌靠近门边的那一头。阿曼达给他倒了一杯毕雷矿泉
水。桌上还放着一大杯冰块和三片整齐地切好放在银盘边缘的柠
檬。亚历克斯盯着静音的液晶电视来消磨时光,电视调在美国全
国广播公司的财经频道,屏幕上滚动播放着股票行情,看起来资本
市场和某些体育比赛也差不了多少。终于,马克·特拉弗斯来了,
他给了亚历克斯一个有力的握手,并露出一个大大的笑容。

"亚历克斯,你是怎么认识特德·戈登的呢?"

"他是我的一个世交了,你呢?"

"我们曾为特德的咨询公司的买方担任代理。他很聪明,是个
谈判专家。跟我说一说你的营销代理公司吧。"

"我们现在其实不算是一家营销代理公司了,我们现在专门从
事标识设计业务,为很多开辟新业务和新产品的公司设计标识。"

"有意思。我跟很多本市的营销代理商都很熟悉。你的创意
总监是?"

"他的名字叫克里斯·索查克,我相信你可能知道他。我们其
实并不认为自己属于营销机构。我们只按照五步标识设计流程从
事标识设计业务,并在这方面非常高效。"

马克做出了暂停的手势,亚历克斯明白他从以上自己的描述
中获得了一些灵感。亚历克斯停下来,等待马克说说自己感兴趣
的点是什么。

"我已经想到了最合适的买者了。"马克宣布。

亚历克斯很吃惊,马克竟然在短短几分钟的谈话过后便为斯特普尔顿想到了合适的买主。出于好奇,他请马克继续说明。

"我们现在已经和百林达公司有过多次合作。"

亚历克斯知道,百林达是全球最大的代理控股公司,拥有超过 10 亿美元的年收益额和遍布世界各地的业务。

"斯特普尔顿正满足百林达对收购公司的要求。"马克继续说,"我很乐意为你和该公司北美业务开发部主管安排一次面谈。"

"听起来很不错,那么你们的收费标准是?"

马克接着说明通常他们会收取 5% 的费用,但是他们一贯和更大的企业合作,正常情况下,他不会承接斯特普尔顿这样的小企业的业务,但是出于特德的面子,而且公司本身和百林达已有很好的合作关系,他打算帮亚历克斯这个忙。

亚历克斯心情颇为复杂地离开了特拉弗斯资本管理公司。一方面,他知道马克非常有能力,而且和百林达有很好的关系。另一方面,他总感觉有什么事不太对劲。所有这一切似乎过于简单了。

* * *

亚历克斯接下来要在 EMG 资本管理公司和佩吉·莫伊尔斯见面。她和亚历克斯打了招呼,并招呼他进自己的办公室。佩吉询问公司的情况,亚历克斯便概述了自己为把斯特普尔顿打造成一家提供单一产品的公司所做的工作。

"亚历克斯,你做了大多数企业家永远不会做的事情——把自已从公司业务的核心中移开。你现在拥有了一个稳定且良好的销售引擎；你稳定的现金流将对买家有很大的吸引力；你的资金结构比较简单，而管理团队也能提供长效的服务。你建立了一家优秀的企业！"

"谢谢你，佩吉。昨天我曾和特拉弗斯资本管理公司的马克·特拉弗斯试着谈了谈，他认为百林达会是一个很好的买者，你认为如何呢？"

"我认为这不是最好的选择。大企业一般对收购有一套正规的程序，一般会包含一个三到五年的盈利能力支付计划。而且大企业认为所有公司都应该跟自己类似，我不认为他们会重视或欣赏你对专业化经营模式做出的努力。"

佩吉对自己脱离一般营销代理机构模式的工作如此欣赏，让亚历克斯很吃惊。他请佩吉告诉他一些潜在买者的名字。

"我需要时间仔细考虑一下。"佩吉说，"目前在我想来，一家主要从事彩色打印设备生产的科技公司或一家大型印刷公司可能会感兴趣。为了拿到你的客户印刷标识的合同，收购你的公司就相当于拥有了一个'特洛伊木马'。"

亚历克斯很喜欢佩吉的想法。

她接着介绍了相关的费用问题。他们一般收取 5% 的费用，但在接下来的半年中，每月还需缴纳 7000 美元的定金。亚历克斯询问可不可以免去定金，佩吉坚决回绝了："我们收取定金的目的是为了确保你确实想要出售企业。否则，我们很可能在为那些不认真的企业家白费力气。"

亚历克斯很理解佩吉的立场,但是他有些困惑,为什么马克不收取定金呢。

* * *

周二见面的时候,亚历克斯把自己和马克·特拉弗斯以及佩吉·莫伊尔斯谈话的内容告诉了特德。

"那么你想要和谁合作呢?"特德问。

"我不确定。我很高兴马克熟悉百林达的人。他看起来像是能在几周之内拿到百林达的意向函。"

"我明白,亚历克斯。不过如果你要听我的意见,我会避免和马克合作。听起来他像是要把你的公司当成取悦对方的礼物。马克作为买家的经纪人,百林达就是他的大客户之一。听起来他是要在不创造任何竞争的紧张气氛下,就把你的公司送给百林达。缺少了竞争,百林达的出价不会太高,那么你以前所有的努力都白费了。"

"我还从来没有想过这些,但是和马克合作,看他能否拿到百林达的意向函,又有什么问题呢? 他不收取定金,所以我没看出来会有什么损失。"

"一旦你和一家收购公司开始商谈,知道你有兴趣出售公司的人便会越来越多。马克肯定能为你保密,但是越多人知道这个消息,它就越有可能传到你的员工和客户的耳朵里。"

亚历克斯对特德的提醒沉吟片刻,改变了反驳的角度。

特德箴言　第十四条

　　避免与一个只提供和单一客户面谈的顾问合作。你必须确保在收购过程中有竞争,并避免成为咨询师讨好自己大客户的诱饵。

"佩吉要收取定金。"

"这并不见得是坏事。她将会全权代表你,因为你公司的售价直接关系到她的所得,所以她仍然会很积极。她是一位专业人士,也需要通过某些方式确保你是认真的。再者,佩吉很欣赏你的公司不只是一家营销机构。"

"你在收购方面比我更有经验,所以我听你的,和佩吉合作吧。"

"我想她会让你满意的。"

BUILT TO SELL
Creating a Business That
Can Thrive Without You

第 10 章

成长的空白支票

　　一旦接受了雇佣，佩吉便让亚历克斯提供一个斯特普尔顿营销代理公司的三年发展规划，包括一份附带目标市场描述的财务预测，以及亚历克斯所设想的标识设计行业市场前景。佩吉解释说，亚历克斯的计划将会成为她很多工作的基础，因此这个计划必须是非常可靠的。

　　亚历克斯从未做过一年以上的规划，他发现写这份三年规划着实让人头疼。一个猜想跟着另一个，写到第三年的情况时，亚历克斯感觉自己像在写小说。在写财务预测的时候，他预计未来三年的营业额会有 20% 的增长率，并保持了 20% 的税前利润率目标。计划完成后，他把它发给了特德，希望听到特德的建议。

＊　＊　＊

　　特德和他约好在他办公楼马路对面的星巴克见面。

　　"早上好，亚历克斯。"特德笑着说，"你要点什么？"

　　特德转向咖啡师，点了一杯大杯每日精选咖啡，又要了一瓶水。他们找了角落里一张安静的桌子坐下，亚历克斯再次问道："你觉得这个计划如何？"

"是个好的开始。在我们进入正题之前，先来聊聊咖啡吧。"

亚历克斯有些疑惑，"我看你点了水。你不需要为了迁就我来这里的，我们其实也可以……"

"不，我想在这里和你聊聊星巴克的事。他们建立了一家很棒的企业，你不觉得么？"

亚历克斯弄不明白特德准备说什么，但是仍然配合他，"他们的门店遍布了美国街头各个角落。"

"而且这些门店基本上很相似。他们甚至拥有自己的语言，你们这些喝咖啡的人都学得很流利了。"

"这些和我的计划有什么关系呢？"

"亚历克斯，我正在建议你在制定计划时学习一点星巴克的经营理念。"

"你的意思是？"

"一个公司想要收购其他企业的时候，通常是因为它想要成长。通常，他们很难像想象得那样快速成长，因此他们通过收购来增加营业额。如果你想让斯特普尔顿公司获得高估价，你需要向买者证明，它能成为让收购方增长的引擎。"

"这和星巴克有什么关系呢？"亚历克斯问道。

"在写下一份计划前，想一想星巴克的扩大是多么迅速。在有无限资源的前提下，想象一下你有一张空白支票，可以让斯特普尔顿发展得尽可能大、尽可能快。你需要向买者展示,设计标识业务有多大的可能性。"

"但这不是在撒谎么?"

"当然不是。你的计划必须是可实现的,但不一定得单单依靠你自己的力量。佩吉将会去接触比你的公司规模更大的企业,他们拥有更多的资金、办公场地、员工和其他一切资源。如果你能成功地把斯特普尔顿的发展和一家大企业的资源有效结合,那么它会比你单独经营成长得快得多。"

"但我不知道谁是买者,更不了解它的资源状况,我该怎么写这份计划呢?"

"最好的方法就是,假设你拥有一张空白支票和无限的资源。收购方有足够的时间去审查你的计划,并根据他们所认为的合理性来给你的预测打折扣。我希望你跳出保守的企业所有人思维定式,考虑一下其他的可能性。你能在全国各大城市开设分属办公室么?你能让你的销售团队人数倍增么?你能更好地利用互联网来销售标识么?就像星巴克那样。"

特德祝亚历克斯好运后就离开了。亚历克斯续了杯,开始记笔记。

* * *

起草第二份计划比第一份有趣多了。亚历克斯放空思绪,离开现实,想象着斯特普尔顿营销代理公司位于休斯敦、芝加哥、洛杉矶、纽约和亚特兰大的的销售办事处。他计划了一个由八名电话销售代表组成的电话销售部,向那些无法获得设计资源的美国

特德箴言　第十五条

雄心勃勃。制定一个三年计划，描绘事业的前景。记住，收购方拥有更丰富的资源，能助你更上一层楼。

乡村地区的企业销售他的五步标识设计法。在这个新计划里，公司三年后的营业额可达 1200 万美元。亚历克斯越写越确信，这个计划能够付诸实践，只要他找到合适的收购者。

亚历克斯通过邮件把第二份计划发给了特德。几个小时之后，特德通过邮件发来了答复。

亚历克斯：

我喜欢这个新计划。新计划里有很多和星巴克的理念一样的地方。我相信这会为你提供很多帮助。

我建议你修改一个小地方，不要在提到今年的财务状况时把它作为"预测"。在我们获得意向函的时候，你需要向别人传达，你对今年的目标很有自信。所以，我建议你把它称作"本年度"。等我们到了出售的时候，今年已经进入季度。你希望收购公司的出价是根据今年的 500 万美元营业额和 100 万美元利润，而不是根据去年的数字。这虽然只是一个细微的修改，但是非常重要。

祝你工作顺利！

特德

亚历克斯走到了位于办公室中间的白板前。他看到他的销售人员正在很好地实施销售计划。每位销售员这周都至少预约了六个面谈,他们的目标是每人在这个月卖出四个标识。

他走回了办公室,打开了电脑桌面上的第二份计划。他找到了提及今年销售目标的那部分,把"预测"一词改成了"本年度"。

* * *

佩吉·莫伊尔斯已经年近五十了。她每天中午吃沙拉,每天去健身房锻炼,这让她看起来比实际年龄小五岁。她刚刚结束了午餐时间的塑形普拉提课程,这对她第一次和亚历克斯进行工作会议十分有帮助。当亚历克斯到达 EMG 资本管理公司的办公室时,她给了他一个有力的握手。

她把亚历克斯带到了一个小会议室,复印了两份亚历克斯发给她的计划书,准备了一支铅笔、一个计算器和两瓶水。

"亚历克斯,今天这个会议的目的是让我知道你的计划已经足够详细,这样我就能为你的公司撰写一份两页的意向书(teaser),并着手写介绍书(book)。"

亚历克斯没能听懂她的术语,便问道:"你说的'意向书'指的是什么?"

"意向书就是一份一到两页的对你的企业的描述。其中会指明你的公司处于待售状态,并给潜在买家描绘这家企业的前景。"

"但这样的话,我的员工和顾客们不会发现公司即将被出售吗?"

"不会。意向书中不会提及公司的名字。如果有哪家收购公司感兴趣,我们会给他送一份保密协议。在他们签署保密协议后,我们才会给他们发送一份对你企业和发展计划的完整描述。我们把这个完整描述称为'介绍书'。"

"你会把意向书发给多少人?"

"理想情况下,我们会选择二十家公司为最终候选。我已经在拟一份初选名单,我需要你帮忙把这份初选名单缩小,只剩下那些出于令人信服的战略原因而收购斯特普尔顿的公司。"

"我听说过策略收购者和金融收购者之类的词。我想你是在建议寻找一个策略收购者。"

"策略收购者通常会出更高的价钱,因为在他们眼中,你公司的价值更高。策略收购者会建模分析收购后,你的企业会表现如何,并考虑他们所有的资源如何投入你的企业。而金融收购者只关注投资的回报,除了这次交易的支票外,他们不会再拿出更多来。因为没有多少协同作用,金融收购者通常只会以低价来收购你的公司,以确保他们能够得到丰厚的回报。"

"那么你认为哪些公司有战略原因来收购我的公司呢?"亚历克斯问道。

佩吉拉出她拟定的初选名单给亚历克斯阅览。

"当你浏览这份名单的时候,考虑一下那些已经和你建立伙伴关系的公司,例如你的供货商和其他一些和你往来的公司。因为你的计划需要更大的办公场地和更多的销售人员,所以你也可以考虑一下那些已经在其他城市拥有办公室和销售人员的公司。哪

第 10 章
成长的空白支票

些公司可以发挥最大的协同作用呢?"

佩吉和亚历克斯展开了头脑风暴,评价了名单里每一家公司的战略契合。两个小时后,佩吉把名单缩小到了二十三家公司,这些公司都有令人信服的战略原因来收购斯特普尔顿。每家公司都有足够的现金买下亚历克斯的公司,而且就佩吉所知,这些公司都乐于进行收购。

＊ ＊ ＊

那个春天,亚历克斯头一次打开了汽车的天窗。这是三月的最后一个星期二,漫长的寒冬过后,阳光第一次把温暖洒向了人间。

这次周二的面谈中,亚历克斯先说了一些他和佩吉的会议情况。特德向他挥手,让他暂停一下。

"在我们讨论佩吉之前,先把这周的数据给我看看。"

亚历克斯被问得措手不及,他本来以为这周二特德会和他讨论佩吉的工作。不过他还是回想起了白板上的内容,总结了他们的进程。

"我们正在正常进展中。安吉的团队上周卖出了八个标识,到现在为止,这个月已经卖出了二十七个标识,而且我们还有剩余三个工作日。瑞娜刚刚又聘请了一位客户总监,所以现在她的团队有五个人了;克里斯下周要面试一位设计师;我们的老客户天然食物公司又委托我们设计一个标识,这次齐格正准备推出一系列有机巧克力牛奶产品。"

"我还以为环保狂们整天只想着健康生活呢!"特德坏笑着说道。

戏谑完之后，特德变得严肃起来了。"亚历克斯，你和佩吉的合作将会占据你大部分的时间。虽然情况会变得比较艰难，但是你必须放点心思在斯特普尔顿营销代理公司的业绩上。你必须确保本年度预期能够完成。"

"我会紧紧盯住它的。"亚历克斯说道。

"还有一件事我希望你好好想想，我注意到你用'客户'一词来描述天然食物公司。"

"是的，齐格成为我们的客户已经有一段时间了。"

"这很好，但我希望，当你提到一家购买你的设计模式的公司时，你能用'顾客'，而不是'客户'这个词。"

亚历克斯有些不敢相信特德居然会对一个词吹毛求疵，"那有什么关系？"

"服务型企业把他们服务的对象称为客户，而提供产品的企业则称顾客。为了把斯特普尔顿营销代理公司从一家服务型企业转型为一家拥有可扩展和重复的标准流的制造型企业，你付出了很大的心血。如果使用'客户'这样的字眼，你就会在无意中告诉潜在买家，你仍旧把自己的公司看成一家服务型企业。"

"那只是一个词罢了。我确信这不会对潜在买家造成影响。"亚历克斯说道。

"在这个节骨眼上，视觉效果是相当重要的。一家收购公司会试图把你的公司放进他们固定思维的框架中。他们对于产品提供企业有一个框架和相应的收购步骤。而对于服务型企业有另一个框架,你不会希望自己的公司被放置在那个框架里的。"

"为什么不呢?"

"因为服务型企业的框架有一个模式。收购一家服务公司,一般会采用三到五年的盈利能力支付计划,先支付小部分的预付款就可以了。如果你被划分到服务型企业的话,在收购意向中,你大部分的钱都会有风险,得靠公司未来的盈利能力收钱。你承担了绝大部分风险,而收购公司却捞到了最大的便宜。根据盈利能力计划,你将不得不同意把一部分钱留下,但是我们的目标是最大限度地获得预付现金。这就意味着你得使出浑身解数来证明,斯特普尔顿营销代理公司不是一家普通陈旧的服务型企业。"

特德箴言　第十六条

　　如果你想成为一家可出售的、产品导向型企业,你需要使用正确的字眼。譬如把"客户"改为"顾客"等。删除网站上和面向顾客的交流方式中任何会暴露你曾经是一家普通的服务型企业的地方。

"所以,我需要开始称'客户'为'顾客'了。"

"对。再想想你有没有用过其他一些服务企业的行话吧。我想应该把斯特普尔顿营销代理公司叫做'公司(business)',而不是'服务型公司(firm)',用'订单(contract)'代替'合同(engagement)'。你得想尽一切办法告诉买家,你是实实在在在出售产品,而不是一群喜怒无常的专业服务供应商的随意集合。"

BUILT TO SELL
Creating a Business That
Can Thrive Without You

第 11 章

告知管理团队

和佩吉开完会,亚历克斯回到公司时刚过下午五点,斯特普尔顿营销代理公司里大家仍在忙碌。亚历克斯加入到他的员工中去,觉得自己像一个刚刚幽会了情人的出轨的丈夫。

"嘿,安吉,今天过得如何?"

"团队进展得很顺利。我们完成了两单生意,今天下午安排了九个新预约面谈。同事们之所以留到现在,是因为我答应他们,如果一个下午能安排二十个预约,我就请他们喝酒。"

听到安吉激励团队的办法,亚历克斯不禁莞尔。他慢悠悠地踱步走到瑞娜的办公室,期盼她今天已经下班了。但瑞娜还在办公室和其中一名客户总监开会,讨论有关天然食物公司巧克力牛奶的工作。

瑞娜看见亚历克斯过来,向他招了招手,"我们今天发现,如果天然食物公司是一个好莱坞的著名影星,那肯定是莎拉·洁西卡·帕克①。"瑞娜笑着说道。

"我的朋友齐格最近如何?"亚历克斯问道。

"她很好,并向你问好。"

亚历克斯继续巡视公司,看见克里斯正在办公桌旁修改一个即将进入第五阶段的标识。亚历克斯一点也不惊讶克里斯还在埋首苦干,因为过去的四天里他都工作到很晚。

"你今晚可别睡这儿。"亚历克斯开玩笑道。

"不会的。今天的工作很快就能完成了。"克里斯乐观地说道。

走回办公室的路上,一阵愧疚感袭向亚历克斯的心头。下午五点过后,员工们还在拼命干活,而自己却一整天都在谋划如何出售公司。亚历克斯清楚地知道,出售斯特普尔顿这件事上,他是唯一的经济受益人,这似乎不太公道。

* * *

四月的第一周总是很冷,亚历克斯把手插到雨衣口袋里,从车里出来一路小跑进 EMG 资本管理公司的办公室。他约好了要在佩吉的办公室里讨论意向书广告分发的相关事宜。

她首先总结了一下目前的进展。她已经联系了名单上全部的二十三家公司,其中有七家公司回绝了,表明他们正在考虑收购其他公司;四家公司要求发送介绍书,并同意签署保密协议;佩吉还

---

① 莎拉·洁西卡·帕克:美国女演员和制作人,最著名的角色是于《欲望都市》中饰演专栏作家凯莉·布雷萧,因此获得四座金球奖和两座艾美奖。——编者注

在等待其他十二家公司的答复。

"进展得不错嘛。"亚历克斯说道。

"对呀,目前为止我们对于意向书的反馈很满意。虽然才刚开始,但是就目前来说进展得很顺利。"

"介绍书发出去后,下一步的计划是什么呢?"

"我们需要为感兴趣的公司安排管理演示。"

"我要亲自和这些人见面吗?"

"是的。"

佩吉静静地坐着,思索着此刻是不是提出那个敏感问题的正确时机。考虑到自己和亚历克斯一直相处融洽,她决定继续往下讲。

"亚历克斯,作为管理演示的一部分,我们需要把你的管理团队包括在内。潜在买家希望看到,当你离开了公司后,下级管理层中的哪些人能够对企业负责,这是至关重要的。"

"如果告诉他们我正准备把公司卖了,我无法想象他们会有什么反应。他们帮助我建立起了公司,为公司殚精竭虑。如果我告诉他们我正在出售公司,很难预料他们会作何反应。"

"你迟早要告诉他们的,所以我建议你早点向他们坦白。即使我能说服一个潜在的收购者只和你见面进行管理演示,他们最终还是会希望和你的团队会面的。再说,尽管签了保密协议,但是随着越来越多的人收到了介绍书,你的团队成员发现你正在出售公司的概率就越高。我确信,你亲口告诉他们比他们自己以其他方式发现好。"

亚历克斯离开了佩吉的办公室，思忖着该怎么告诉安吉、瑞娜和克里斯，那个他们信任的人，他们为之努力工作的人，正在准备把公司出售给出价最高的收购公司。

* * *

亚历克斯来找特德的时候，特德正在桌旁埋头苦干。亚历克斯和他分享了这周的销售数据，并告知他和佩吉的进展。

特德感觉到亚历克斯若有所思，便问道："亚历克斯，你今天好像有点闷闷不乐。你在想些什么？"

"佩吉认为会有三四家公司对出价感兴趣，而下一步就是管理演示。"

"真是天大的好消息啊！"

"我也是这么想的。可是佩吉认为，每个出价的公司都需要和安吉、瑞娜和克里斯见下面，所以我将不得不告诉他们，我正在考虑出售公司。"

"那将会是一场棘手的谈话啊。你最大的忧虑是什么呢？"

"我感到内疚。我认为他们将会憎恨我从中牟利。"

"亚历克斯，我理解你的感受。当我把第一家公司卖掉的时候，我也是这种心情。"

"你的员工们怎么看待这件事呢？"

"起初他们有些震惊，但是经过一段时间消化了这个消息后，他们开始对于出售这件事持肯定态度。"

"他们真的喜欢出售公司这个主意吗?"

"当然。在小公司工作虽然有益处,但是职业发展空间有限。每次当他们看到你走上楼梯的最高一阶时,他们心里知道,只要你还是老板,他们就只能停在原地。"

"我理解他们会有职业机遇,但是整合两家公司是很难的事,总会伴随着裁员……"

"整合两家公司的确是个挑战。但是当一家大公司吞并一家小公司的时候,机遇往往会随之而来。雄心勃勃的人总想在更大的空间里施展才华,大公司有庞大的开支预算和重大项目,以专业水准运营,你公司的那些人才会充分利用这种机遇的。公司被收购后,如果他们这步棋走得好,安吉、瑞娜和克里斯会从职业调动中获利。"

"他们可能会有新的机遇,可是他们会不会嫉妒我拿着支票拍拍屁股走人,把他们扔给一个新上司呢?"

"亚历克斯,你苦心经营成立了斯特普尔顿营销代理公司。你承担了各种风险,而且不管好坏,资本主义奖励那些承担风险的人。隔天就拖着沉重的脚步前往 MNY 银行,卑躬屈膝地找活干的人是你;每次当玛丽·普拉丹打来电话就整夜失眠的人是你;如果你超时没有偿还贷款,银行拿走的是你的房子。"

"但如果公司能被收购的话,我希望他们也能够从中获利。"

"公平合理。你要记住,如果一家战略买家收购了你的公司,他们每个人都会从中获利的。因为收购者会带着它的战略性资产一起过来,比如说其他城市的办公室和投资资金,这一切都会使安吉、瑞娜和克里斯更容易达成个人目标,得到相应的奖金。随着奖金的上涨,他们还会有一个长期激励机制,带来更多的奖励。"

"可能我应该给他们些股票期权,让我的团队也能在这个交易中尝到甜头,他们追随我也有一段时日了。"

TED'S TIP 17

特德箴言　第十七条

在被收购后,别发行股票期权来留住重要的员工。相反,公司出售之后,你可以用单纯的现金来奖励你的管理团队。分两个月或者多个月来奖励那些重要的员工,确保他们会帮公司渡过转变期。

"你的意图是令人钦佩的,但你被误导了。股票期权会使得你出售公司的过程更加复杂化。你得起草一份股东协议。小股东也拥有权利,所以不管从道德出发还是法律出发,当你阅览这些报价的时候,安吉、瑞娜和克里斯也必须知道情况。出售公司已经是一件很艰巨的工作了,你不需要再被其他三个意见搅得头昏脑涨。我的建议是让公司维持原样,如果你成功地出售了公司,可以给予你的管理团队一笔一次性的奖金,作为对他们在管理方面的帮助和对公司贡献的感谢。通过这个方法,你对他们参加管理层会议进行了奖励,并分享了你的收益。但不要太大手笔了,从职业发展的机遇、更高的个人奖励目标和长期奖励机制中,他们已经获益很多了。"

亚历克斯离开了特德的办公室,对于告知管理团队实情,感觉不是那么糟糕了。

亚历克斯和安吉、瑞娜、克里斯的会议安排在四月的最后一个星期五。亚历克斯不是那种会一大早开会的人，所以他的管理团队早就在纷纷讨论开会的原因了。

亚历克斯向他的团队问好，他吃惊地发现，自己紧张得不得了。他曾在一大帮不认识的人面前做重要演示，而现在，他只是向三个他非常了解且为他工作了一年多的人做说明。尽管如此，他还是紧张得心提到了嗓子眼。

"谢谢大家这么早来参加会议。我不想其他人来打搅我们，所以把会议安排得这么早。前几个月我经常外出，因为我在计划公司下一步的发展。我认为，你们已经证明我公司拥有一个创造标识的稳定模式。我们在这个城市干得不错，如果我们把业务拓展到其他地方，我认为我们可以干得更出色。"

三个人端坐在座位上，为公司的成功和蓬勃发展感到自豪，对于新的工作地点和公司的发展兴奋不已。

"我清楚地意识到，如果我们想更上一层楼，就需要一个合作伙伴。一个财力雄厚、具有广泛地域覆盖的公司。"

再继续往下说之前，亚历克斯先暂停了下来。

安吉第一个开口问道："所以你正在出售公司吗？"

"我是有这个想法，对。"

亚历克斯接着从安吉、瑞娜和克里斯的立场出发，阐述了出售公司对他们的好处。他解释说，如果有合适的收购公司，他们的职业发展会有更多的机会,个人目标也更容易达成。他还承诺,如果公司被收购,他们每人将获得 1 万美元的奖励。

团队沉默了一会儿。

"亚历克斯,我认为你迈出了重要的一步。其实我们都知道,你正在出售公司。"克里斯说道。

"你们怎么知道的?"

"当然。"瑞娜说道,"你是一名企业家。你喜欢创造和变化,但是我们已经越过这个阶段了。坦白地说,我们不再那么需要你了。我和克里斯一样,真的很为你开心,我会尽自己所能帮助你的。"

"我觉得这个房间里的所有人都不会惊讶于我是一个雄心勃勃的人。"安吉说道,"我享受创建一个更大的团队,在更大的领域里经营。我和瑞娜、克里斯的想法一样——我为你感到高兴,你做了一个正确的决定。"

亚历克斯惊得呆若木鸡。

他不敢相信,自己以前是多么害怕把这个消息告诉他的管理团队。他对他们每个人的积极态度感到感激万分。那个夜晚当他驱车回家时,感觉自己浑身上下轻了 10 磅。

BUILT TO SELL
Creating a Business That
Can Thrive Without You

第 12 章

问　题

巴比伦已经连续三年被评选为本市最好的餐厅之一了,但今晚之前,亚历克斯从未光顾过那里。他被领到了一间私人小包间,做东的人正在那里等他。佩吉·莫伊尔斯坐在一张大圆桌旁,两侧坐着两位稍胖的男人。亚历克斯估摸着他们大概有四十七八岁了,若是经历过艰难岁月的话,真实年龄可能还要小些。他向佩吉问好,佩吉把他引见给了阿利斯泰尔·麦格拉思和西蒙·塔珀。

阿利斯泰尔是 RTX 印刷公司的老总,它是 RTX 国际集团下属最大的公司。RTX 国际集团是一家总部位于英国、拥有数十亿美元资本的企业集团,从事的业务从广播电台到展会,应有尽有。RTX 是美国第二大胶印商,而且阿利斯泰尔清楚地知道,只有让公司成为美国胶印行业的龙头,他才能回到伦敦总部。西蒙是麦格拉思麾下业务发展部的主管。

佩吉与阿利斯泰尔相识已有十年时间了,这些年里,她曾把一些小型印刷公司卖给阿利斯泰尔。她已经告知阿利斯泰尔有关斯特普尔顿营销代理公司的事,并且提议在 RTX 美国总部进行管理演示,但是阿利斯泰尔认为共进晚餐才是第一步。

"很高兴见到你。"阿利斯泰尔用纯正浓厚的英国腔对亚历克斯说道。

"我也是。"亚历克斯回应道,分别和阿利斯泰尔、西蒙有力地握了握手。

"你正在和一名真正的专业人士合作呀。"阿利斯泰尔指着佩吉说道,"你们两个怎么认识的?"

"我的一个朋友向我推荐了佩吉。"

他们四个正在闲聊,服务员拿着菜单进来,并为阿利斯泰尔送上了他点的鸡尾酒。阿利斯泰尔点了苏格兰威士忌,西蒙点了伏特加汤力,而佩吉和亚历克斯点了苏打水。

酒水到了,他们也点了餐。趁着服务员出去的工夫,亚历克斯抓住机会问了一系列有关 RTX 的问题,这些都是他事先准备好想问的。他希望能够了解 RTX 对于美国市场的野心,以及未来将如何进一步多样化等。

阿利斯泰尔貌似对于酒单更有兴趣,他把问题丢给西蒙,让他站在 RTX 的立场上来回答亚历克斯的问题。调酒师注意到阿利斯泰尔正在研究酒单,便主动上前为他提供服务。

"我知道你们中有三位点了牛里脊。所以我推荐你们喝 2001 年的白宫道酒庄解百纳。对于纳帕来说,那是个不错的年份。"

"听上去很赞。"阿利斯泰尔说道。

亚历克斯在心里疑惑,纳帕的这个不错的年份会花掉 RTX 国际集团的股东多少钱。

"跟我说说斯特普尔顿营销代理公司吧。"西蒙说道。

亚历克斯描述了他的五步标识设计法和他的销售团队,阿利斯泰尔和西蒙认真地倾听着。佩吉只是静静地待在一边,让亚历克斯独自处理问题。牛排到了,RTX 的股东们又为另一瓶白宫道解百纳付了高昂的费用。阿利斯泰尔专心地吃着牛排,让西蒙和亚历克斯进行谈话。

餐盘被撤走,咖啡上桌。服务员离开包间之后,阿利斯泰尔稍微调整了一下椅子,让自己更靠近亚历克斯。眼神交流了一下之后,阿利斯泰尔问了当晚唯一一个真正的问题:"亚历克斯,跟我说说你为什么要卖掉公司?"

问题太直截了当了,亚历克斯自责没有提前想好答案。他预测到了对方会问销售流程、现金流和利润率等问题,但这个简单的问题一下子让他陷入被动。他心跳加速,感觉到自己的脸变得通红。他后悔自己喝了第二杯红酒。为了争取时间,他拿起餐巾凑近嘴边,装作擦拭留在嘴边的汤汁。最终,他真诚地回答道:"我创立斯特普尔顿也有将近十年时间了。我们一直经营得不错,但我想多花点时间陪我的孩子,想和妻子去旅游。"

阿利斯泰尔似乎对他的回答很满意,把话题转到了运动上。亚历克斯坐回椅子上,一口喝掉了杯子里最后一口酒。

* * *

　　他们四个人在巴比伦外面的人行道上告别。阿利斯泰尔和西蒙祝贺亚历克斯生意成功,并且承诺下周就答复佩吉。

　　这是五月一个出奇暖和的晚上,所以他们走得很慢。亚历克斯提出陪佩吉去取车,她的车停在几个街区外。

　　"看起来进展得很顺利啊,你怎么看?"亚历克斯问道。

　　"我觉得他们不会考虑你的。"

　　"这是什么意思? 他们只是说下周会联系而已呀。"

　　"他们对你的公司不感兴趣。"

　　"你是怎么知道的?"

　　"听着,我是干这行的老手了,所以我知道晚餐只是门面功夫罢了。真正重要的是阿利斯泰尔问你为什么要卖掉公司的那个问题。在他得到你的答复时,对他而言,会议已经结束了。"

　　亚历克斯回忆起了自己的答复。

　　"佩吉,我是真心诚意回答的。难道你想让我撒谎吗?"

　　"不,我不希望你撒谎,但是回答那个问题的方式却有对错之分。一个买家希望听到你预见你的公司是很有发展前途的,你想借助他们的力量更上一层楼。他们希望听到你说,即使卖了公司,你还是会继续留下来。"

　　"但是佩吉,我已经明确表过态了,我不希望签订一个三到五年的盈利能力支付计划。我会乐意在公司待一段时间,但我想做些其他事情。"

　　"我充分理解,但表达这些的方式却有对错之分。"

"那你认为该怎么回答呢?"

"告诉他们,你对于你已经取得的成绩很自豪。你现在处于人生的一个重要转折点,你希望为你创造的价值提供一些流动资金,并将有机会参与公司的未来发展。"

"但是这和事实不符啊,我是想卖掉公司。"

"我知道,但是我的工作是给你争取到最高的开价和最高比例的预付款。为了做到这一点,买家需要感受到动力。而为了感到有动力,他们需要听你说,你是真的想挖掘他们的资源来使公司更上一层楼。"

佩吉补充道:"亚历克斯,买家能理解企业家喜欢自己的口袋里有点现金,但是没人想买一艘即将被船长抛弃的沉没之船。他们需要感受到你对公司的前途有信心,你对于利用他们的资产兴奋不已。他们需要感觉到你愿意留在公司一段时间,帮助他们将两家企业融合在一起。"

"你建议我留多久呢?"

"我们现在不需要精确地规定时间点,但是你需要明确告诉买家,你愿意帮助公司渡过转变期。现在你可以先含糊其辞一些,一旦公司被收购,你就会成为收购公司的雇员了,和其他员工没什么区别。到时候,就得由他们来想办法让你留在公司里了。对我来说,如果要为你争取到最高的开价和最多的预付款,他们需要从你那里听到我刚才提过的那些内容。"

亚历克斯失望地开着车回了家。他搞砸了 RTX 这个好机会,有些局促不安。他就像个职棒小联盟的菜鸟，而 RTX 的那些家伙则像是打大联盟[①]的。

＊　＊　＊

马库斯·奈茨布里奇扶了扶眼镜，用手指拨了拨挡住眼睛的碎发。亚历克斯觉得，作为印刷技术集团的业务发展部执行官，马库斯看上去有点不修边幅。

"亚历克斯，你能不能向我阐述一下你的销售周期？"

亚历克斯、佩吉和马库斯已经在 EMG 资本管理公司的会议室里讨论了两个多小时了。印刷技术集团是美国第三大彩色印刷机供应商，该集团对佩吉的意向书做出了回应。和 RTX 一样，印刷技术集团认为斯特普尔顿营销代理公司能够长期为他们提供新商机，这些客户都会想用印刷技术集团的彩色印刷机，打印自己的新标识。

马库斯已经拿到了介绍书，并对此印象深刻。他要求斯特普尔顿公司进行一次管理演示。马库斯孜孜不倦地提问，到了第四个小时，佩吉终于建议小憩片刻。这是七月一个美好的日子，佩吉带领他们来到和办公室隔街相望的一家法国餐馆，这里有露台座位。午餐时他们摆脱马库斯连环炮似的提问，短暂休息片刻。他们一边吃饭，一边说着一些无关痛痒的笑话。

---

① 美国职棒小联盟是指数批在参与城市、球队经费、比赛水平比美国职棒大联盟规模小的职业棒球联盟。美国职棒大联盟是美国最著名的职业棒球联赛，北美四大职业运动之一。

佩吉说她要失陪一下去洗手间,留下马库斯和亚历克斯单独两人。马库斯把话题转移到了生意和他此行的目的上。

"亚历克斯,看上去你建立了一家成功的企业,而且它发展得很好。出于好奇心,我想问问你为什么要卖掉公司呢?"

这次亚历克斯可是有备而来的。

"我们已经证明了这种模式在一个城市是行得通的。现在,我的人生正处于重要的时刻,我希望为我所创造的价值提供一些流动资金,我想找一个能帮我在其他城市复制这种模型的合作伙伴,并且允许我分享一些公司未来的发展和成长。"

亚历克斯因为自己能够口齿伶俐地讲出这番话而自豪万分,他唯一的遗憾就是佩吉错过了他的表演。

* * *

哈利准时来到了斯特普尔顿营销代理公司。他身穿一件蓝色高尔夫 T 恤,塞在一条褶皱的斜纹布裤里。他把皮带扎得老高,显得好像腰线就在胸腔下面。他是来给斯特普尔顿营销代理公司做年中评估的。

"你们干得很棒呀,亚历克斯。你们今年上半年的收入是 240 多万美元。你们已经获得了 45 万美元的利润,而现在才六个月。按照这个速度,你们今年的税前利润也许会超过 100 万美元。对于几年前的你们来说,这个数字是想都不敢想的吧。"

亚历克斯微微地笑着,知道他正在顺利完成自己向佩吉递交的年度规划。

* * *

距离为印刷技术集团的马库斯进行管理演示已有两周了,佩吉开始担心起来。她没有收到任何来自马库斯的消息,这让佩吉觉得很奇怪,因为上次面谈进行得很顺利。佩吉觉得不能干等印刷技术集团的消息了,便拿出备份计划,要求亚历克斯到 EMG 资本管理公司来进行一次面谈。

"亚历克斯,我知道我们一直想找一个像印刷技术集团这样的战略买家,但是上周我和一个来自斯普瑞伯德私人资本管理公司的熟人一起吃了中饭。我告诉了他你的企业,而他希望了解更多有关斯特普尔顿的事情。"

"听上去很诱人……"

"我们和斯普瑞伯德公司有很多业务上的往来,所以我知道他们做生意的方式。他们喜欢投资像斯特普尔顿这样有成长潜力的公司。"

"这是一家私募股权投资公司吗?"

"是的,如果他们喜欢你的企业,就会买下半个公司,这样你就能拿到一笔钱了。然后他们会给你的公司投资更多钱——你的情况可能是 100 万美元,以此来帮助你的公司更上一层楼。"

"他们的估价方式是怎么样的呢?"

"他们去年买下了一个营销服务企业,对它的估值是税前利润的三到四倍。"

"我觉得这有点低。他们只买下一半的企业,是希望我再留个三年五载吗?"亚历克斯用怀疑的口吻说道。

"是的,他们不是经营者。他们是金融买家,会为你的经营注入更多的资金,并期待投资后巨大的回报。"

亚历克斯想都没想就答复了佩吉:"佩吉,我很吃惊你竟然还在考虑这种可能性。你知道,我们是一家有良好现金流的公司。如果我们想对公司进行再投资,有的是大把的钱,现在就能做。他们的估价太低了,而且我绝对不会考虑再在公司待上个五年。"

"说得对。我的工作是为你提供所有的选择方案,仅此而已。"

"我明白。印刷技术集团来消息了吗?"

"还没呢。"

BUILT TO SELL
Creating a Business That
Can Thrive Without You

第 13 章

一家可以出售的公司

　　亚历克斯的手机有电话打进来。现在是晚上七点,八月的温暖阳光让他现在仍然能开着车的天窗。他关上天窗,接起了电话。

　　"亚历克斯,你好,我是佩吉。"

　　"有什么事吗?"

　　"好消息,印刷技术集团正在准备报价呢。"

　　一阵兴奋感袭遍亚历克斯全身,他不得不把车开进加油站里冷静一下。

　　"真是天大的好消息啊,佩吉。你能猜到他们是怎么考虑的吗?"

　　"猜不透,马库斯是这方面的专家,不可能傻到通个电话就把一切告诉我。他要求我们提供三年预测等更多的背景资料,我明天就要把资料交给他。他告诉我他可能会在周四下班前给我发一封有关收购报价意向的邮件。我们可不可以在周五早上先见一面?"

＊　＊　＊

现在是早上六点半,亚历克斯清醒着躺在床上已有一个多小时了。他下了床,出门来到家旁边的星巴克,点了一杯每日精选咖啡。他得想办法消磨掉一个半小时,直到和佩吉约好的时间。

他开车沿着 EMG 资本管理公司的办公楼兜了个大圈,七点四十五分的时候停好车。佩吉在门厅里迎接他。他们两个是最早来到 EMG 的人,所以佩吉先打开了电灯。尽管佩吉昨夜就看过了报价,但是她的肢体语言完全没有流露出任何信息。亚历克斯尽量使自己看起来随意点。

"昨晚我收到了来自印刷技术集团的报价。"

"然后呢?"亚历克斯等不及了。

"我想你会喜欢这个报价的。"佩吉边说边把文件拿给亚历克斯看。

亚历克斯拿出文件开始阅读起来,眼睛快速扫到数字那一行。印刷技术集团开价 600 万美元收购斯特普尔顿营销代理公司。他本想在佩吉面前表现得冷静一点,可是他知道自己的整个脸因为兴奋而变得通红。他花了大力气改变斯特普尔顿营销代理公司,而现在终于有人肯定了他的付出和努力。十年前,亚历克斯在自家的地下室里经营起来的这桩小生意,现在已经价值 600 万美元了!

佩吉意识到亚历克斯需要一些时间来消化这个好消息,她待在旁边静默了一会儿。

"亚历克斯,600 万美元的开价是预付款,如果你能实现三年计划里的收入和利润规划,他们会以盈利能力支付计划的形式另外支付 300 万美元。这个报价必须在印刷技术集团进行六十天的尽职调查后最终确定。他们要求,在做调查时给予排他权力,当大公司收购小公司的时候,这是相当标准的程序。如果我们想要接受这份报价单,就需要在九月十五日之前签署并寄回这份文件。"

亚历克斯向佩吉道了别,并打电话给妻子,告诉她这个好消息。

* * *

特德阅读着印刷技术集团六页的报价意向书,在空白处做注释,亚历克斯静静地坐在一旁。特德转向亚历克斯,"恭喜你,亚历克斯。你迈出了重要的一步,感觉如何?"

"兴奋极了。似乎这场漫长的旅程终于要结束了。"

"亚历克斯,这开价很诱人,但是我们离结束还有一大段路呢。这是一份不具有约束力的报价单,而他们进行尽职调查的时候要求了两个月的排他权,这六十天还是有很多不确定因素的。"

亚历克斯只关注了数字,根本没有详细阅读整个文件。听到这番话他有点失望,因为特德并没有像他那样感到喜悦和兴奋。

"特德,这明明是一个很棒的报价,而且印刷技术集团和我们是战略契合的。你对这个报价到底有何担忧呢?"

"这只是一份不具有约束力的报价意向书而已,和具有约束力的报价合约是不一样的。他们随时可以以任何理由拍拍屁股走人。"

亚历克斯顿时像泄了气的皮球一样，特德试图让他重新振作起来。"不要误解我的意思，亚历克斯，这对于你来说是一个重要的里程碑。而且我认为印刷技术集团的报价很合理，它是你今年的税前利润的六倍。我只是说，现在还不是你放心把钱存进银行的时候。"

亚历克斯情绪低落地离开了特德的办公室，他意识到，自己出售公司的道路还很漫长。

* * *

马库斯指示他的同事戴维·雷诺兹不遗余力地调查斯特普尔顿营销代理公司。

周一一大早，戴维就来到了亚历克斯的办公室。他扶了扶自己的玳瑁眼镜，把一个大公文包提到肩膀上，以便腾出一只手来向亚历克斯问好。亚历克斯把戴维隔离在自己的办公室里，以防员工们起疑心。

互相开了一些无伤大雅的玩笑后，戴维开始了他的"审问"。

"亚历克斯，你宣称你直接可接触的市场中有五万八千个销售机会。你能告诉我，你是怎么得出这个数字的吗？"

亚历克斯详细地解释了他和特德对目标市场进行估算时的所有假设。

戴维对此不太满意，"我知道你的算法，亚历克斯，但是我不能理解的是，为何那些公司全都需要一个新的标识。一个公司不是应该只需要一个商标吗？"

"企业的商标的确是长久保持不变的,所以我们的大多数业务来自创造产品标识,以及为过去合作过的公司新成立的独立部门创造新标识。"

"你说的对,但是可以肯定,公司不会为每一个新上市的产品都创造标识。"

"经验告诉我们,公司会为他们的主要产品系列创造新标识。就拿天然食物公司来说吧,他们是从事有机食物生产的。当他们决定开发冰淇淋业务时,他们雇佣我们创造天然萃取系列的标识。现在,他们正在考虑开发宠物食品系列,所以可能又需要为这个系列创造一个标识。"

"我确信,天然食物公司是个特例。"戴维怀疑地说道。

"并不是。春谷家园喜欢为他们每个新开发的项目设计一个标识。在过去的两年多时间里,我们一共为他们设计了三个标识。"

最后,戴维似乎终于对市场规模满意了,他开始调查招聘销售人员的过程和扩大办公室场地的计划。戴维要求查看亚历克斯的办公室租约和所有顾客档案的复印件,他仔细阅读了银行对账单,并要求阅读五步标识设计法的操作说明。这个男人对信息有着一个贪得无厌的胃口!

"拷问"终于在下午五点多时结束了,亚历克斯觉得自己需要一杯烈酒。

* * *

对于亚历克斯来说,接下来的四十五天是他职业生涯中最筋疲力尽的一段日子。戴维的这一次拜访似乎增加了他对斯特普尔顿营销代理公司内部工作的好奇心，他的每一个提问都是个引子，牵扯出一系列其他问题。亚历克斯很高兴又到了见特德的时候了，因为他终于能从戴维无止境的折磨中获得片刻休息了。

"我开始对印刷技术集团失去耐心了。"亚历克斯说道。

"我还以为你喜欢他们那个业务发展部的执行官呢。他叫什么来着，马库斯还是？"

"是的，他的全名是马库斯·奈茨布里奇，但是他派了他的卫道士戴维·雷诺兹来掌管尽职调查的过程。他看上去对信息总是欲求不满，我给他的每一份资料总能引出他至少三个问题。"

"尽职调查这个工作不简单，戴维必须确保印刷技术集团没有花冤枉钱。他会一直追问下去，直到马库斯喊停为止。看上去你得给马库斯施加点压力了。"

"你认为我该怎么做？"特德的建议激发了亚历克斯的兴趣。

"他们已经花了将近两个月时间来调查你的公司了，你必须施压让他们做出最后的决定。现在是时候表现出一点策略性的愤怒了。"

"你是建议我表现得生气点吗？"

"不一定是生气，但是无论哪种谈判，都会在某个阶段需要你和某个他们原本尽可能让你远离的对象交流。戴维的工作是向你提问，所以马库斯需要听到你直接告诉他，他可能会失去这次收购的机会。"

"你为什么如此确信马库斯会不甘心失去这次机会呢？"

"马库斯肯定已经向他的老板申请过批准报价收购你的公司。他们已经花了将近两个月的时间和成千上万个小时来调查你的公司,所以他们已经对这次收购投资了。马库斯的工作就是完成这次收购,他不会傻到浪费印刷技术公司那么多时间,最后却搅黄了这次交易。"

* * *

亚历克斯给马库斯打电话时,马库斯热情地总结了他们现在所处的情况。"戴维一直都在告知我工作的进展,我们对于能把斯特普尔顿营销代理公司纳入印刷技术集团这个大家庭,一直以来都感到很期待。"

"谢谢你,马库斯。我们也非常期待这次融合,但是我开始觉得你对这桩交易其实并不怎么感兴趣。戴维一个接一个地对我们的资料刨根问底,你们已经花了将近两个月的时间调查我们了。如果你不能根据目前所获得的信息做出决定的话,我们就得继续找新的买家了。"

"我很抱歉这一过程给你们带来的困扰。如果我们让你觉得我们对成交这桩交易不感兴趣的话,我向你表示抱歉。我会和戴维讨论一下是否还需要其他信息,但是我相当有信心,我们快达成交易了。"

"我们能在接下来的两周时间里确定交易吗?"

"我认为是可以的。让我和我的团队商讨一下,我们会以邮件的方式给你和佩吉回复的。"

BUILT TO SELL
Creating a Business That
Can Thrive Without You

第 14 章

终点线

亚历克斯和印刷技术集团的会面时间安排在 11 月 16 日，星期一，地点是 EMG 资本管理公司的办公室。马库斯同意把确认的截止日期定在 11 月 30 日，并且希望亲自和亚历克斯、佩吉讨论尽职调查的结果。

他直奔生意的主题，"亚历克斯，我们仍旧对斯特普尔顿营销代理公司很感兴趣。"

当亚历克斯听见马库斯即将发出"但是"的音时，心霍地沉了下去。

"但是尽职调查的过程中暴露出一些事情，让我们对此不是很放心。"

经过了八周的尽职调查和佩吉六个月的工作，印刷技术集团几乎要敲定这个交易了。佩吉感觉到亚历克斯的失望。

她问道："你们在担心什么呢？"

"我的同事戴维对于你们所用的那套确定市场规模的方法觉得不是很放心。"

佩吉并不打算和马库斯进行一场辩论,她要求马库斯开诚布公地把话挑明,"那么你确切的意思是?"

"我们仍旧很想谈成这桩交易,但是根据尽职调查得到的新信息来看,我们基于原本的估值模型在报价意向书中提出的报价站不住脚了。所以最终我们把报价调整到 520 万美元,盈利能力支付计划不变。"

亚历克斯不敢相信自己所听到的一切,他本以为双方已经在原则上达成了协议。他知道自己需要马上离开办公室,要不然他肯定会说出让自己后悔的话来。

佩吉发现了亚历克斯的焦躁,她迅速延期了这次会议,并且承诺马库斯,这周末给他回复。

* * *

整个周一下午,亚历克斯都在自己的办公室踱来踱去,晚上一直睡得不踏实。所以当他到达特德办公室的时候,神经已经紧绷得快要断了。

他不能自已地向特德宣泄了一切不满:"真不敢相信,他们居然在交易截止的两周前想要更改协议。我们本来已经谈妥了。我是因为赞成预付款 600 万美元的形式出售公司才同意继续进行交易的,但是他们现在想砍价 10% 还要多,就因为某些卑鄙小人不喜欢我其中一张表格。"

特德任由亚历克斯发泄他抑制的感情。最后,特德感觉到亚历克斯平复下来了,这才参与了评论:"亚历克斯,我其实希望说我很惊讶,但其实并非如此。"

"你早就知道会发生这事吗?"亚历克斯沮丧地问特德。

"一般来说,公司经过尽职调查之后都会压低开价。他们知道他们已经将你逼入了绝境,你只有两个选择,要么接受这个低价,要么走人。我所出售的四家公司里,有三家的成交价都比报价意向书的开价要低。"

"真想告诉他们见鬼去吧!"亚历克斯大声嚷道,仍旧怒气冲冲地抱怨印刷技术集团那卑劣的谈判策略。

"亚历克斯,那是你的权利,所以如果你选择放弃这桩交易,我表示理解。但是在这之前,我希望你回到办公室,找出我之前嘱咐你放在安全之地的那个信封。在你打电话找佩吉之前,打开它,好好研读一下吧。"

* * *

亚历克斯回到办公室打开他的抽屉,找到了一年前他放在那里的信封。他打开了信封,取出了里面的卡片。他看到了自己亲笔写下的字迹,一年前他梦想出售斯特普尔顿营销代理公司的价格:500 万美元。

他把卡片拿在手里,凝视着这个数字。他想起了过去几年自己艰辛的付出,想起了约翰·史蒂文斯和他们过去对 MNY 银行的依赖,想起了伊莱贾·卡普兰、托尼·马蒂诺,还有那支他建立的创造二流广告宣传的团队中的其他人。他想起克里斯和他的团队已经成了设计标识的能手,想到了自己曾深夜打电话给玛丽·普拉丹,想到了他出售公司的初衷,还有他是如何反复计算着他的梦想支票的。

他终于笑了,笑容已经离开他四十八小时了。他打电话给佩吉,把决定告诉了她。

"我准备接受印刷技术集团那个较低的报价了,11 月 30 日前最终截止。如果他们再拖延,我就退出。"

"我想你做了一个正确的决定,亚历克斯。我会给马库斯打电话的。"

"确保我们在 30 日之前达成交易。"

* * *

11 月 30 日,亚历克斯在印刷技术集团的法律事务所度过了早上。他需要在一大堆的文件上签名。签完名后,对方很官方地向他表示了祝贺,之后他便离开了。他坐上了自己的路虎,漫无目的地兜着风。他以巡航速度行驶着,路边的树木飞驰而过。突然,他感觉到手机在震动,他收到了一封邮件。这是一封来自 MNY 银行玛丽·普拉丹的邮件。

亚历克斯:

　　我们刚刚收到了印刷技术集团给您个人账户的大额电汇。如果有空的话,请给我来电,我想就如何投资这些资金给您提供一些建议。

亚历克斯笑了,继续他的兜风。

BUILT TO SELL
Creating a Business That
Can Thrive Without You

操作指南

如何创立一家离开你也能
独立发展的企业

　　和亚历克斯·斯特普尔顿一样，很多企业的所有者发现他们被困在一家无法出售的企业里。顾客要求和企业的所有者做生意，老板不得不事必躬亲地服务顾客，这又加强了顾客对老板的依赖性，如此往复，形成了恶性循环。一家依靠老板的企业是无法出售的，所以老板就被困在了里面。

　　以下的八个步骤将会为你指明一条道路，让你创建一家可以离开你独立发展的企业，我在实践于自己企业的过程中总结出来的个人观察和经验也包括在内。

　　在你开始这项进程之前，雇佣一名优秀的会计师，他应该在协助企业所有者制订接任计划方面有丰富经验。根据税收管辖权，你的会计师要制定一些切实可行的税务筹划策略，让你出售公司的时候最大限度地减少你的税单。绝对不能等到接到报价时才去聘请会计师。时机是至关重要的。

第一步：找出一种具有发展潜力的产品或服务

要创立一家离开你也能独立发展的企业，第一步是找出一种具有发展潜力的产品或服务。具有发展潜力的业务要满足三个标准：(1)它们对于雇员来说是"可传授的"（如斯特普尔顿的五步标识设计法），或者可以通过技术传播；(2)它们对于顾客是"有价值的"，这样可以避免它商品化；3)它们是"可重复的"，这意味着顾客需要一次又一次重复购买（例如刮胡刀片，而不是刮胡刀）。

集思广益地讨论你目前提供的所有商品和服务，将他们标在一张简单的示意图里。一条轴表示"可传授的"，另一条轴表示"有价值的"。

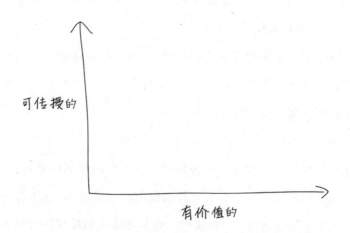

把你提供的一切东西都绘制在这张图上后，排除那些只需购

买一次的服务和产品。

通常你会发现,那些最"可传授的"商品或服务往往是顾客认为最没有价值的。相反,顾客认为"最有价值的"商品和服务通常是最不可传授的。这是正常现象,你必须尝试着把一种或者多种服务或产品结合起来,创造最理想的形式。

用一个假设的例子,让我们来看看亚历克斯·斯特普尔顿在把重点放在标识设计之前,他是如何把他的服务放进这张图里的。你可以想起来,他让伊莱贾从事 MNY 银行分支机构的海报工作。创造这样一张海报是非常简单的事情,很多营销机构都可以做到,所以亚历克斯肯定必须把这项服务放在图的左上角:具有很高的可传授性。他可以吩咐最初级的设计师做这项工作,但是它对于顾客来说却没多大价值,因为其他很多营销机构都能做。

你可能还记得克里斯·索查克,他为了让当地的自行车商店能在谷歌自然搜索中排到第一,费了好大一番工夫。克里斯是一个通才设计师,他没有有关搜索引擎优化(SEO)方面的任何专业知识。实际上,搜索引擎优化能力在市场上是一项非常吃香的技能,因为它要求一个人掌握深奥的学科知识,拥有多年的经验。成功的搜索引擎优化是非常有价值的,但同时也非常难以教授给别人,所以亚历克斯必须把自行车商店的搜索引擎优化项目放在图的右下角。

而在另一个层面上,亚历克斯可以教授他的员工如何设计标识。而且他们想出了一个独特的方式来开发标识,客户也喜欢这种方式，所以亚历克斯可以把"齐格的自然萃取系列标识"放在图的右上角。

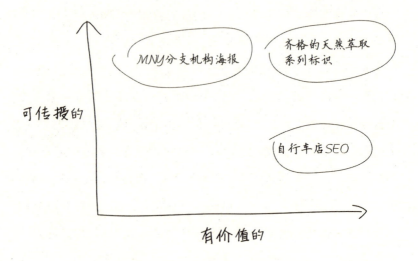

我的经验教训

　　一种具有发展潜力的产品或服务需要有三个特点：可传授的、有价值的和可重复的。我发现，提升我公司价值的唯一一个最重要因素是保证公司的收益是可重复的。这意味着顾客会定期地回购我的产品或服务。

　　虽然全部的经常性收益对你公司的价值都会有一个积极的影响，但某些形式比另一些更加可取。基于我和买家在会谈中获得的经验，以下六种经常性收益的形式代表了从最低价值到最高价值的顺序：

- 第六位：消耗品（例如牙膏）

消耗品是顾客经常会购买的一次性产品，但是他们没有牢固的品牌忠诚度。

每天早上起床后，我都会用佳洁士美白啫喱牙膏刷牙。我十分确信，所谓的"美白啫喱"只是一种心理安慰剂，但是它给我的感觉就是我可以去除喝黑咖啡和红酒时留下的牙垢。每隔一段时间我都会另辟蹊径去尝试一种标榜"超净白"的高露洁产品，但是过段时间就会用回佳洁士。

如果你出售的是消耗品，你要开始跟踪现有顾客的回购率。收购方会用这个数字来计算你未来的销售量，并计算他们愿意花多少钱来购买你现在的公司。

- 第五位：比较昂贵的消耗品（例如剃须刀片）

比牙膏这样的基本消耗品更有价值的是"比较昂贵的消耗品"。在购买这些商品时，顾客相当于是在一个平台上进行了投资。

当我开始使用吉列感应刀片时，我得先买个刀柄。现在我每月要购买五包新的刀片，而且不能购买舒适牌的刀片，因为那样的话我还得购买它的刀柄。从我长出第一撮胡须的时候起，我就开始使用感应刀片了。我在这个平台上投入了资金，这让我不愿更换供货商。

办公室也是同样的道理。当我想购买一台打印机时，我买了施乐牌的。所以我虽然暂时不需要购买另一台打印机，却得不断购买施乐昂贵的硒鼓。

如果你能够向你的买家证明，你有一群忠诚的顾客在你的平台上进行了投资，你就能为自己的企业争取到溢价。

• 第四位：可再生订阅（例如杂志）

比拥有回购商品或者服务的忠诚顾客更理想的是拥有未来有保证的收入。举个例子，我是《局外人》杂志的忠实订阅者，每年我都会收到一封续订信件，我会寄去一张可以订购次年十二期杂志的支票。《局外人》收到我支票的当月就会寄来第一个月的杂志，接下来的十一个月里每月再寄一期。

与分析公司（如弗若斯特沙利文公司和国际数据资讯公司）的订阅费用相比，杂志是非常便宜的，那些分析公司可以赚进成千上万美元，相比那些提供一次性项目咨询的竞争对手们，他们更有价值。

• 第三位：比较昂贵的可再生订阅（例如彭博机）

当顾客投资钱和你做生意的时候，他们会变得非常有黏性。如果他们以一种订阅模式购买的话，你将成为所在行业中最有价值的企业。

证券交易员和基金经理都极度依赖彭博终端。彭博机的顾客首先得购买或者租赁终端，然后才能订阅彭博社的金融信息。由于拥有一批忠实于专有平台的黏性顾客，迈克尔·布隆伯格创立了一个有价值的公司。

● 第二位：自动再生订阅（例如文件存储服务）

当你在艾斯芒廷储存文件时，你每月都会被收取一些费用，直到你要求粉碎所有文件或者把它们都取出来。不同于杂志订阅由你来决定续订与否，在文件存储服务中，艾斯芒廷会一直向你收费，直到你不想用为止。

根据艾斯芒廷的跟踪调查，它的取消率小到了小数点以内，而且它能够正确预测未来收入，这就是它是一家非常有价值的公司的原因。

● 第一位：合约（例如手机）

唯一比自动再生订阅更有价值的业务是根据格式合同订立的苛刻合约。

尽管我们鄙视自己被迫和它们绑在一起，但无线公司掌握了获得再生收入的窍门。只要顾客签订一份两年或者三年的套餐合约，很多无线公司都免费赠送顾客手机。

当你行进在获得再生收入的阶梯上时，你的公司价值也在同步增长。

一旦你找出了什么是可传授的,什么是你的顾客认为有价值的,什么是他们最常需要的,就记录下你提供这种产品或服务的全过程,就像特德帮助亚历克斯明确和记录他的五步标识设计法。正如特德所解释的,详细描述每一步,这样你就能够每次都以同样的方式重复这个模式,这些将会成为你日后形成操作指导手册的基础。使用例子和填空模板来保证你的说明足够具体,别人能够独立参考它重复这一模式。在没有你参与的情况下要求团队或者团队中的一员来提供产品或服务,以测试你的操作指导手册。制作一份恰当的操作指导手册需要时间和耐心,你可能要修改很多版。

下一步,为你那个具有发展潜力的产品或服务命名。为你的待售品命名,赋予了你对它的所有权,并帮助你与那些潜在竞争对手区分开来。一旦你拥有一样独特的产品或者服务,你便从提供商品化的产品或服务,转型为了提供某种由你自行定义的专有产品或服务。如果你的产品或者服务不是那种毫无特色的东西,你的顾客就没法拿你的价格和其他的作比较。相反,为你提供的待售品和它的每一步命名,使它区别于其他产品或者服务,这样你就能够决定它的价格和付款方式了。

在你想到一个绝妙的名字之后,在你生产这个待售品的过程中,写下一份关于每个步骤的特征和相应效益的简短的描述。更新和顾客的所有交流工具(如:网站,小册子),以一种统一的方式描述你的进程。

我的经验教训

我曾经拥有过一份营销服务企业,提供焦点小组的服务。你可能听说过这种服务——客户在单向镜的一边啜饮啤酒,而八个倒霉的"受访者"在另一边,对客户提出的任何问题都必须作出反馈。

焦点小组曾经是一项了不起的业务。每个小组要花费 2500 美元来租赁一套设备,并支付报酬给"受访者"。我们向每组收费 6000 美元,扣除其他费用能赚 3500 美元,即大约能获得 58% 的毛利率。我刚才说"曾经是一项了不起的业务",是因为随着其他公司了解到焦点小组有利可图,竞争日趋激烈,迫使我们降低了收费。更糟的是,客户开始为他们的焦点小组发出招标书,要求我们先提出策划案,让多家企业竞争。

当我第一次见到招标书时,我兴奋不已。客户是一家大型电话公司,它要求我们这家小公司提供一份开展六个焦点小组的策划案。一个 3.6 万美元的潜在订单,对于我们来说是一桩大生意,所以我绞尽脑汁回答了招标书上所有的问题。我把策划案发给对方,等待答复。最终我接到了电话公司打来的电话,告诉我他们选择了另一家投标公司。我简直不敢相信这个结果,我本以为我的策划案做得完美无缺。

我试图与招标人联系,失败多次后终于和他联系上了,我想要一个解释。他告诉我,赢得投标的人的出价是每组 3500 美元。我意味着我的毛利要降到每组 1000 美元,29% 的毛利率! 我将只有少得可怜的 29% 的毛利,而这些钱还要用来支付我的运营成本,比如员工工资和办公室租金等。

如果你希望你的企业有利可图,享受丰厚的利润,而且能在没有你的情况下独立发展的话,你就得停止回复那些招标书,开始创造出属于你的独一无二的产品或服务。招标书会使一种商品或服务变得商品化,企业赢得合约的唯一方法就是成为一个最低价的供应商。

针对我的公司,我决定为焦点小组开发另一种方式以使我能够掌握定价,我把他们叫做"顾客咨询委员会"。如果某家公司想要从顾客那里获得持续和坦率的反馈,就会雇佣我们来成立和运营一个年度顾客咨询委员会。我们记录了这个流程,为我们的销售人员制作了一份不可编辑的 PDF,销售人员使用这份 PDF 来推销这种服务。由于顾客咨询委员会在市场上是独一无二的,我们便能制定一个价格,让毛利率重新回到历史平均水平。

第二步：创造一个良性现金流循环

故事中,亚历克斯发现实施特德提议的大型策略改变是非常困难的,一部分原因是因为他的银行账户里没有足够的钱支付员工的工资,这让他非常头痛。

通过创造一个良性的现金流循环,你就会有足够的金融缓冲,对于在接下来的第三步和第四步中要求的有难度的改变,也会变得有信心。为了创造一个良性的现金流循环,你要在支付成本之前,向你的顾客收取全额或部分费用。举个例子,当你订阅一本杂志的时候,你要先把支票寄给杂志公司,几个星期之后,你收到了相应的第一期杂志。杂志公司用你(和其他订阅者)支付的一整年的钱雇佣作家、编辑和摄影师来编写杂志。

如果你能恰当地让你的待售品变得独一无二(第一步),你就能预先向你的顾客收取产品或服务的费用。根据你的产品或服务的性质,你可能无法提前收取全部的费用,但是尽量先收取一部分的费用。

一个良性现金流循环同样可以提升公司的价值。当收购者买下你的公司时,他或者她需要开两张支票。第一张支票当然是给你这个所有者的,而第二张支票则是给你的公司作为其运营资金的——你的企业每天需要支付的日常账单费用。如果你的公司需要大笔的现金,收购者便不得不给运营资金多留一部分钱,这会降低他或她给你开一张大额支票的欲望。反之也是如此——如果你的公司有盈余的现金,收购者通常会为你的企业支付更多的钱,因为他或她不必再给企业拨付运营资金了。

我的经验教训

我驱车回家时接到了来自收购公司的电话,这个电话我期待已久了。我把车停在了路边——这场谈话需要我聚精会神才行。

"我们收到了两个报价,想跟你当面好好讨论一下。"我的金融顾问说道。

我的脉搏加速跳动,我试图让自己平静下来。"当面谈?"我不安地问道。我迫不及待地我想知道我的公司在一个收购者眼中值多少钱,"你是在跟我开玩笑吗? 他们报价多少?"

我的顾问继续告诉了我在那个时刻唯一一关心的数字:收购者开出的购买我企业的价格。

直到和我的会计师一起坐下来,他给我仔细剖析这两个报价的时候,我才知道自己有多么的天真。乍一看,报价 A 是两者中较好的那个,因为价格更高。但是会计师劝告我再仔细看看报价 B。开价 B 包含一份详细的说明,其中阐述了买方将怎样计算收购完成时我应该留在公司里的运营资本。

第一次看到有关运营资金的段落时,我只是匆匆扫过几眼就算了,以为这只是无关紧要的 MBA 式的扯淡。说实话,我当时根本就不知道运营资金是什么东西。我只有个模糊的概念,知道它和我们放在银行里确保能支付各种费用的钱有关,但是我理所当然地并不觉得它对两个报价的相对优势有很大影响。我的会计师解释说,鉴于潜在买家要求计算运营资金,在收购完成之前,报价 B 让我可以撤回银行账户里的大部分资金。由于我们是提前收取顾客费用的,我们的账户里有充足的现金。报价 B 里的运营资金计算方式把企业的价值提升了 15% 以上,让它和开价 A 拥有了同样的竞争力。

如果你获得了一个收购你公司的报价,报价单上第二重要的数字也许就是运营资金的计算方式。如果报价单上没有有关运营资金计算方面的细节,记住,在你同意任何事之前,把这个数字敲定下来。

第三步:聘请一个销售团队

一旦当你创造并包装好了你的待售品,并且开始提前收费,你需要将自己从销售中抽身而出。如果你已经能让其他员工提供产品或服务,你自己却仍然是拉客户的主力,那么没有一个长期又充满风险的盈利能力支付计划,你是不可能出售你的企业的。

我的经验教训

2002年,在麻省理工大学的高管培训课程中,我认识到了自己一直都在销售错误的产品。

和其他六十一名企业家一起,我在麻省理工大学里进行了三年的培训,学习如何成为一名更出色的公司创业者。这个课程被称为"巨人的诞生",我们是从一大堆具有同样特点的申请者中被挑选出来的,这个特点就是:拥有一家年销售额不低于100万美元的公司,且年龄在四十岁以下。

在课程的最后一年,史蒂芬·沃特金斯来校演讲,他是一位企业家,当时刚刚出售了自己的公司。

沃特金斯询问了我们之中有多少人参与到销售产品或服务的过程中,我和教室内几乎所有的企业家都举起了手。

看到这一情况,他批评我们在销售方面浪费了太多时间,搞得几乎没有时间出售公司了。他进一步说道(我尽量按照原话来):"作为一个企业家,你们的工作是雇佣销售人员来销售你们的产品或服务,这样,你们就能有时间来销售你们的公司了。当你们销售产品时,你们只能赚取几百或几千美元,但是如果你把同样的技巧运用在销售公司上,赚的钱就能以指数级迅速增长。你们拥有正确的技能,却在销售错误的产品。"

他的话语给了我心灵极大的冲击,我觉得自己像一个业余爱好者,现在终于窥见了职业比赛,我这才意识到,职业选手们的法则和我们是完全不同的。当我应该销售我的公司时,我却在紧握着方向盘,兜售我们的服务。

从那天开始,我对我的角色的想法改变了,我开始雇佣销售人员去拜访顾客。起初,我很怀念自己达成一大笔销售订单时的兴奋感,但后来,我开始享受看到别人比我达成更多的销售业绩。

我现在仍旧会拨打电话进行销售,但我是打给那些我认为某天会购买我的公司的人,而不是购买我的产品。

当你创建你的销售团队时,你得寻找像安吉·撒克这样的人才。首先,他们必须喜欢销售;第二,他们喜欢这个产品。不要聘请那些有过专业服务公司工作经历的销售人员,他们很有可能想为每个顾客改造你的产品或服务。如果可能的话，至少雇佣两名销售，而不是一名。原因之一是销售行业通常会吸引那些喜欢竞争的人，所以形成一个健康的竞争环境将对公司比较有利；其次，收购者希望看到任何销售人员都能够销售你的产品或服务，它并不依赖一个销售明星。

我的经验教训

在我的市场调查公司成立的前期，我一手培养销售人员。尽管我花费大量时间培养他们，并为他们的成功提供大量的奖励，许多销售人员却还挣扎在完成指标的合格线上。与此形成对比的是，我却始终能够销售我们的服务。我和顾客会面，倾听他们的诉求，给他们提供解决对策，他们通常总是会购买我的服务。这看似很简单，但却让我对没法雇佣销售人员来代替我备感挫折。

现在回想起来，这样的情况并不说明我是一个销售明星，也不说明我的团队里尽是一些表现不佳的人，我只是在市场调研行业投入了更多的时间学习罢了。和许多企业的所有者一样，在企业起步时期，我既是销售者也是做事的人，所以我实践了所有种类的调查项目，犯过很多错误，最终，我对于什么行得通什么行不通建立了一个基本的理解。所以当我做销售的时候，我在无意识中依赖于市场调查方面的多年经验。

我要求我的销售人员能够机智地谈论各种各样的调查服务，但他们不可能对所有这些服务了如指掌。同时，我在狠抓收入和为每个顾客量身定制服务之间来回徘徊，我的优柔寡断和这种想提供定制化服务的想法打击了我的销售人员。他们就像一群试图追踪醉酒驾驶的司机的警察。

直到我们停止销售90％的为了单次订购而提供的服务（第一步），我才真正能够使销售人员做销售。因为销售的东西少了，他们至少能够掌握一种市场调查的详情了。当然，他们并不是一下子全部变成了知识渊博的调查员了，只是得到了反复推销一种服务的机会。

第四步：停止销售一切其他的东西

一旦组建起一个出色的销售团队，这时候生产再销售那些在第一步中落选的产品了。销售这些产品是很有吸引力的，因为它能增加你的收入和现金流。不过如果你在提供产品或服务之前预先收取费用，并且你的销售人员正在顺利地出售它们，那么你其实不用担心现金流，这样一来，接受这些业务的理由就只剩增加额外收益了。一开始，收入可能确实会不错，但是它的代价却是令人无法承受的——你的团队会失去重点，顾客意识到你对标准步骤并不认真看待，他们会看到你盔甲上的裂缝，开始要求量身定做。为了满足这些要求，你需要雇佣其他人来做这些工作。

我和数百名进行过这种转型的企业主谈过，大多数人告诉我，大多数曾经要求定制服务的顾客对他们的转型表示尊重。产品或者服务标准化之后,客户实际上会购买更多。顾客是很精明的,他们其实知道某些范围之外的工作其实已经超出了你的能力。

控制自己不再接受产品或者服务范围外的项目,是创造一家没有你也能独立发展的企业最难的一部分。员工们会考验你的决心,顾客要求为他们破例,你会不止一次地事后自我批评。这个很正常,你必须在这方面态度强硬,抵制诱惑。在某一刻,风向将会逆转,你的顾客、员工和股东们终究会意识到,你是真真正正想专注于某项业务。这得慢慢来,但迟早会发生,当它真正来到的时候,你会感觉到船已经改变方向了。为了创造一家可以出售的公司,你还有一段很长的旅程要走。

我的经验教训

企业主们总是觉得要做到"顾客就是上帝",认为他们必须给顾客想要的。但是如果给顾客太多选择的话,反倒会危害企业自身,特别是当你正在努力创建一家有发展潜力并且打算最终出售的公司。我费了一番周折才学到了这一点。

这一切发生在我读了一篇看起来非常了不起的文章之后,这篇文章是关于木星调查公司(现隶属于弗雷斯特研究公司)的。木星调查公司是一家通过订阅为顾客提供研究报告的咨询公司,它会做某一块的研究,然后将研究报告发送给所有客户。看完文章后,我觉得这个模式可以给我的咨询业务扩大规模和影响。

第二个星期,我把时间都花在了谋划如何把我的咨询公司转变成相似的模式上。我决定公司每年发布六份主要的研究报告，每年的订阅价格是 5 万美元。如果单家公司要委托做这样一个研究，会花费更多的钱，但是现在用这点钱，公司就可以得到六份报告。我推测，对于顾客来说这是一笔很划算的生意。由于每份订阅收费 5 万美元，我们只需要 100 名订阅者就能拿到 500 万美元。所以同样对于我们来说，这也是一笔很划算的生意。

我把潜在顾客分成了 A、B、C 三类。A 类是我们的长期客户，B 类是偶尔来光顾的顾客，C 类是以前不曾有过往来的新顾客。有趣的是，这个套餐卖得最好的是 B 类顾客。他们比 C 类顾客更了解我们，但是与我们的关系又不是那么的根深蒂固，所以不会把这个千篇一律的报告当做是双方关系的一种退步。

问题是，我很快就从 B 类顾客那里无利可图了。我设法获得了 17 个订阅者，每年能收入 85 万美元。这当然是一块丰厚的收入来源，但还不足以让我们对其他客户不闻不问。如果我想使我的订阅模式成功的话，我就不得不说服我的 A 类顾客加入到那些已经订阅的 B 类顾客的行列中去。

但是，我的 A 类顾客对订阅不完全感兴趣。有些人认为他们给了我们那么多咨询工作，我们应该为他们的企业免费提供订阅，以此作为对他们的答谢。有些人则不喜欢这种千篇一律的模式。每次我会见 A 类顾客时，我总会认真听取他们的反馈意见，向他们保证他们可以继续用旧模式和我们做生意，但这是我做错的地方。给予 A 类顾客选择的权利，意味着他们永远也不会改用订阅模式。

A 类顾客之所以成为 A 类，是因为我们为他们的企业提供了价值，他们不想把这个有利于他们的模式搞糟。

所以我一边经营这个订阅项目，一边继续我们的咨询业务，生意很快走了下坡路。客户提出的期限和要求最终盖过了订阅业务，也使报告的质量有所下降。员工们喜欢从事客户定制的咨询项目，而不是撰写公式化的报告。我感觉我就像是在试图让一架超载的飞机起航，我可以让飞机的前轮离开地面，但却没有足够的扭矩使这架笨重的飞机升空。

由于我越发急切地希望 A 类顾客做出转变，我犯了第二次失误，这最终对我是致命的一击——如果 A 类顾客同意加入订阅，我便为他们提供定制的报告。一旦员工听到风声说某个订阅者得到了一份特殊的报告，所有的客户经理都会希望他们的顾客拥有最完美的报告。我迅速地倒在了顾客定制的路上，不久之后，我们不得不为每一个客户都提供定制的报告，这弱化了我希望通过订阅模式达到的影响力。

不久之后，事情开始跳出我的控制范围。我们每年有六份主要报告和十七名需要定制报告的客户，因此我们陷入了要书写一百零二份原创报告的境地，这对于我们这家只有 20 名员工的公司来说是不可能的事情。最终，由于定制化要求的拖累，并疲于兼营两种不同类型的业务，我停止了订阅业务。

在接下来的五年内，我总结了我的两大错误：(1)给予 A 类顾客继续使用旧模式和我们做生意的选择权；(2)同意为那些转向订阅模式的人提供定制化报告。我决定将这个项目修改后重新推出，但是这次要迫使顾客做出选择——要么订阅我们的标准套餐，要么结束业务合作关系。在大多数情况下，这种给顾客的最后通牒都行得通，Ａ类订阅者迅速弥补了我们原来咨询收入的损失。于是，我们更加专注于这个业务，Ａ类顾客和Ｂ类顾客对它的评价越来越高，我们得到了更多的Ｃ类顾客。企业开始迅速发展，更重要的是，它的规模是可扩展的。这一切都是因为我们掌握了主动权，而不是跟随顾客的脚步。

一旦你从其他项目中抽身出来，你需要花费至少两年的时间来专注于新业务，以此向买家证明你的新模式是能够实际运作的。

在这两年的时间里，你要尽可能快速地把这个模式推广出去。你要经受住诱惑，避免自己参与到销售或者制作产品的过程中。相反，当有人向你寻求帮助时，你要做的是诊断出问题，调整你的系统，确保这个问题不再出现。

许多企业主在这两年中实现了生活质量的显著提高。他们的企业发展了，现金多了，顾客的烦恼减少了。事实上，许多企业主非常喜欢这个阶段，他们甚至把出售公司的计划搁置在一边，决定永久经营公司。如果这个情况发生在你身上了，那么恭喜你。如果你仍想出售你的公司，请继续下一步。

第五步：为管理人员制定一项长期激励机制

如果你想拥有一家能够出售的企业，你需要向买家证明，你拥有一个管理团队，即使你离开了，他们也能够运营公司。更重要的是，你需要向买家表明，收购之后，管理团队仍旧愿意留下来。

在收购过程中，避免使用股权来留住核心管理层，因为这会使收购程序产生不必要的复杂化，并减少你的持股数。相反，你应该为你的核心管理者制定一项长期的激励机制。每年在你想留住的管理人员的长期激励账户里存入一笔和他的年终奖等值的钱，允许他们在三年后每年从该账户中取出三分之一的钱。这样的话，任何决定离开公司的管理者都会损失一大笔钱。

与此同时，你也可以选择在出售企业的时候给予一次性的特别奖金。这样的话，你的核心管理人将会更有动力来帮助你出售企业，并在拿到奖金之前留在公司里。

你可以访问 www.BuiltToSell.com，找到一个长期激励机制的模板。

我的经验教训

当我经营着自己的营销服务公司的时候，我引进了一位总经理，让我们称他为吉姆吧，我让他负责日常的企业运作。经过一段时间之后，吉姆证明了他是一位值得信赖的管理者。他和客户相

189

处融洽,也可以处理公司的行政事务。

当时,我还没发现长期激励机制可以留住核心管理者,相对的,我发给他很高的薪水和公司利润的一定比率。在这种双重激励下,吉姆努力地增加我们的税前利润,因为我向他许诺,如果利润低于20万美元,我给他12%的奖励,如果利润高于20万美元,我就给他20%的奖励。

作为主要的股东,看着吉姆一年比一年为公司创造更高的利润,我感到激动不已。我们挣得的每一美元中,他都能得到20%,但我赚了80%。更重要的是,吉姆干得太出色了,所以我可以从一些日常运营事务中抽身出来,并久违地出去度了个假。利润和现金滚滚而来,而我的压力也减小了。

某一天,我决定卖掉公司。我没有告诉吉姆我的这个决定。

在为出售公司做准备的期间,我开始学习如何让收购者愿意出更多的钱。别人告诉我说,买家希望看到和顾客签订标准化的、长期的合约。所以我向吉姆解释说,我想要和所有客户都签一份长期合约,而作为回报,我们可以为他们提供折扣。这个折扣将会减少我们本年度的利润,当然,还有吉姆的奖金。因此可以理解,吉姆对这个主意并不上心,我们各自坚持自己的立场。

渐渐地,我发现我们两个对于每一个决定都意见相左,从创建一个新的网站到补贴销售人员。吉姆希望的是增加我们的年度利润,而我希望的是提高公司在市场上的价值——它虽和利润挂钩,但不总是一致。情况越来越糟糕了,吉姆开始把我隔离在客户关系之外,他让员工们反对我,公司变得支离破碎,有些员工忠于我,有些忠于吉姆。当我们目标一致时,他是一个卓越的执行者,但当我的目标改变时,我们不再团结一心。那些使吉姆成为一个出色执行者的因素——坚韧、动力和激情,现在却让他成为了一根可怕的刺。

最后,吉姆和我分道扬镳,我不得不同意把出售公司的计划延迟一年,以重新建立和客户及员工们的关系。我感觉我浪费了一个机会。

在经历了和吉姆的事情之后,我开始对核心管理者实行长期激励机制。这个机制使得我那些最有价值的员工对自己的工作奖励采取了一种更长远的视角。最终,在我打算卖掉我的企业时,他们也选择与我合作,而不是跟我对着干。

第六步:找一个经纪人

下一步就是找个代理人。如果你公司的销售额低于 200 万美元,一个商业经纪人(business broker)就能为你提供最好的服务。如果销售额高于 200 万美元,一家专业的收购公司可能是你最好的选择。找寻一家对你所在的行业有经验的公司,这表示它已经熟悉了许多潜在买家。为了找到一家合适的收购公司或经纪人,你可以从所知道的出售过公司的企业家那里寻求些建议。

你找到的经纪人应该欣赏你为改变公司所做的一切。如果他或她把你等同为行业内其他商品化服务的供应者,你得找其他人。你的经纪人需要认可你创造了一些特殊的东西,你值得获得更高的代价。

一旦聘请了一个收购公司或经纪人,他或者她会和你共同制作"介绍书"或填充"网上资料库"。这些东西会详细描述你的企业和业绩,并清晰明了地阐述你未来的计划。

经纪人通常会收取交易所得款项的一定比例,作为成功的酬劳。

我的经验教训

当我最终认真地想要出售我的企业时,我四处向人打听出售的流程。不久我就发现,有人正是以出售和购买企业为生的。随着了解越来越深入,我发现大多数经纪人专攻一个特定的行业。我把候选名单缩小到四家公司,它们全部位于纽约,专攻出售咨询企业。

有三家公司热情地接待了我,于是我约定了面对面的会谈。第四家没有回复我的邮件,我对此很奇怪,但是后来才知道这并不罕见。

我在曼哈顿与这些中介面谈,或者说是他们问我。只有当企业成功出售后,投资银行的顾问们才能够赚到钱,所以他们对我刨根问底,确保我拥有的是一家可以出售的企业。

● "描述你的销售周期。"

- "你有多少销售人员?"

- "描述一下你的现金流周期。"

- "你的顾客是哪些人?"

- "你如何知道他们是否满意?"

- "他们再次购买的频率?"

那天的最后一个会谈最令我记忆深刻。桌子另一边的顾问在一开始向我询问那一大堆固定的问题时,看上去并不感兴趣。但是因为我的每一个回答都切中要害,他的情绪开始热切起来,最后,他的脸上终于露出了一个大大的微笑,打断我说:"我正好认识一家能够买下你企业的公司。"

对于他的宣告,我的反应是兴奋和怀疑兼备。毕竟,我们才刚认识。我要求他讲得详细点,于是他描述说那是一家大公司,他非常了解,这家公司想在北美进一步发展业务——所以他认为这将是一桩完美的联姻。他解释说,他将收取成交价格的五个百分点,但我也得承诺把他的公司作为交易中唯一的经纪人。我同意了这些条款,于是这位新结识的朋友为我在曼哈顿的一家顶级饭店预定了晚餐,安排我和那位可能会收购我企业的公司分区总裁会面。

我们的会面定在下午七点,我提前几分钟来到了这家饭店,发现我的顾问和那个分区总裁坐在酒吧里,看上去像是老朋友了,我推测他们已经喝到了第二杯威士忌苏打。这让我觉得很奇怪,因为我的经纪人本应该代表我的利益,但他看上去和那个即将要谈判的人太亲密了。随着夜色越来越沉,我开始清醒地意识到,我的顾问和那个分区总裁是长期的合作伙伴,他们已经做成了很多笔交易。事实上,我的顾问收取的费用大多数来自买房公司,而不是出售方。

所以,我的顾问正试图把我的公司当做一件礼物送给他的朋友。如果成功了,他可以从我这里赚取快钱,又可以奉承他的大客户。而那个大客户能在毫无竞争压力的情况下抢先了解我的企业,压低价格。吃完晚饭时,我对整个收购过程有了更深的了解,但却决定放弃这个经纪人。第二天,我重新开始寻找新的经纪人——一名为我工作的经纪人。

第七步:告知你的管理团队

一旦你的经纪人找到了一个潜在买家,他或者她会为你和你的管理团队预约进行管理演示。在这个时候,你需要向你的核心管理者们坦白,你正在考虑出售公司。

告知你的管理团队是一个艰巨的任务。你得从他们的角度出发来考虑,确保如果交易成功,他们从中有利可图。一次收购对你的管理团队来说可能意味着巨大的职业机会,可能这对于他们来说就足够了。然而,收购对他们来说也可能是颠覆性的和令人不安的,所以我建议,如果收购能成功,给你的核心管理者提供一份包含在长期激励机制里(第五步)的奖金。潜在收购者会因为你投入额外的奖金留下核心管理者,而对你评价更高。

我的经验教训

当你的企业出售的是人的时间时,如果员工们的专业技能提高了,他们和客户的关系更加深厚了,你获得的好处也就越多。这就像你在最珍爱的拖车下安装轮子一样,员工在工作中的表现越出色,你最优秀的员工就越可能离开。这就是为什么服务公司的老板往往把自己当成是一个薪水更高的雇员,这类企业很少能被收购,除非是签订一个漫长而又折磨人的盈利能力支付计划。

沃伦·巴菲特曾谈及他所投资的企业的"护城河"的广度和深度。一条宽广的护城河可以给你比竞争对手更强的定价能力,但这也使得员工们很难离开你,自己创立企业跟你竞争。

如果你的企业出售的完全是人的时间,一旦你的员工得到了全面的训练,并且能够单独会见客户,他或者她或许会有单飞的风险,但也有可能成为潜在的领导者。如果你有一条深而广的护城河,员工们就需要投资大量的时间或资金来建立你所创造的东西,他们会意识到你的企业带给他们的东西,而不仅仅是为他们的时间标价。

在我的调查公司里,我们成立了本行业的协会。通过主办我们行业中最重要的展会——一个不管是公司还是供应商都想参加的展会,我们创造了一个护城河,单枪匹马的员工是不可能复制的。事实上,确实有一个员工离开了我的公司,尽管她签署了竞业禁止协议,她还是建立了一家竞争企业。她宣称她能够提供和我们一样的服务，但是我们在行业中领先五年便开始打造"定向"的展会。我的公司不只是兜售时间，还拥有一条护城河，这是公司前任雇员不可能重新创造的。

你是否在疑惑，你的护城河应该是什么，以防止你的雇员背叛你呢？下面是一些供你考虑的建议：

• 拥有你所属行业领域的年度排名研究——Interbrand 品牌咨询公司为市场营销企业的品牌资产排名，这使得个人的品牌咨询企业难以与它竞争。

• 拥有你所属行业领域的年度评奖项目——安永会计师事务所创立了企业家奖（EOY），这个奖项巩固了它在迅速成长起来的企业家心中的地位。如果有心怀不满的公司前雇员在报税时挂牌营业，这个奖项为安永赚足了优势。

• 拥有你所属行业领域重大会议活动的主办权——总部位于纽约的投资银行艾伦公司每年都会在爱达荷州太阳谷举办媒体和技术高管会议。

• 拥有行业标准——弗雷德·赖克哈尔德是贝恩公司的创立者，也是净推荐值方法论的创造者，该方法论是一种能预测回购率和引荐数量的方法。赖克哈尔德的公司拥有标准的数据库，其他公司想利用净推荐值知道他们是否落后于其他公司时，必须去贝恩公司查询标准，并寻求一个能够实行忠诚项目的策略。这样一个壁垒使得一个雇员想要复制贝恩的技术，需要花上好几年和好几百万美元。

第八步：把报价转变为一份有约束力的合约

一旦完成了管理演示，你将会收到几份无约束力的意向书（LOI）报价。一份意向书并不是一个确定的报价，除非它规定了放弃报价的赔偿费用（对于小型公司来说很少见），买家有充分的权力撕毁意向书。事实上，很多交易往往在尽职调查过程中失败（下面讨论），所以如果这种事真的发生你身上的话，请不要惊讶。

当你阅读报价意向书时，牢牢记住，你的经纪人肯定会极力推销这份报价的好处，因为他或她（1）如果交易成功的话，可以拿到报酬；（2）在提醒你他们是多么不辞辛劳地工作，以索要更高的顾问费。不要被你的经纪人动摇，好好研究报价。它可能会包含一笔预付款（或者其他通货，比如说股票），还有另一部分与公司出售后的业绩目标挂钩的钱，这通常被称为盈利能力支付计划。你得把盈利能力支付计划所承诺的钱看成是额外的利润，因为这是收购者用来最小化收购风险的。这就意味着你承担了大部分的风险，而买家得到了大部分的收益。对于接受盈利能力支付计划的企业主来说，它们有时候的确是有利可图的；但是大多数的企业主要讲述的却是一个噩梦，专横的母公司完全不会兑现按照盈利能力支付计划中的承诺。只要你获得了你想要的预付款，并把盈利能力支付计划的承诺看作额外的利润，当情况变得糟糕时，你就可以潇洒地离开。如果你仍然觉得你该留下来享用企业的全部价值,那么可以预见,在盈利能力支付计划期间,你的生活不会如意。

报价意向书中会说明尽职调查通常持续六十天到九十天。我认识的一位资深企业家喜欢把它称为企业家的"肛肠科检查"——毫无乐趣可言,对付它的最好的方法就是熬过去。尽职调查使你觉得自己脆弱不堪并且将一切暴露无遗,一个职业买家会派遣一支 MBA 风格的团队来到你的办公室,他们很快就能侦察到你的模式中的弱点,那是他们的工作。在这段时间,你得保持冷静,试着从最好的角度展现事物,但是不能撒谎或者掩藏事实。

我的经验教训

在购买你的公司之前,许多专业收购者会列出一张需要你回答的问题清单。他们需要如下问题的详细答案:

- 你的租约何时到期,其中有哪些条款?

- 你和你的顾客及员工是否签订了长期的、最新的合约?

- 你的创意、产品或者生产程序是否受专利或者商标保护?

- 你使用哪一种技术,你的软件授权是不是最新的?

- 你的贷款协议上的抵押物是什么?

- 你的应收账款情况如何? 你有拖延的付款人或者赖账的顾客吗?

- 你的企业是否要求某些特别的许可证? 如果是的话,你的申请资料准备好了吗?

- 你有未决诉讼吗?

除了这些客观题之外,他们会试着对你的企业形成一定的主观印象。特别是,他们会试图决定你个人对企业成功的重要性,如果没有你的话,你的企业是否有可能继续发展。要从主观上判定你的企业对你的依赖程度,就需要买家做些调查工作。这项工作中的艺术性多于科学性,所以潜在买家经常会有一系列的小秘诀——

秘诀1:用日期耍花枪。收购者会在最后时刻要求更改会议时间,这样他或她就能知道你个人在服务客户方面的参与程度。如果你不同意更改时间,收购者可能会追根溯源找出原因,并试图确定企业的哪个部分对你的依赖如此之巨大,让你不能抽身。

秘诀2:检查你的生意是否前途有限。一个收购者可能会要求你阐述你对企业前景的看法,这个问题你肯定已经好好准备过了。但是,他或她可能会向你的员工或管理者提出同样的问题。如果你的员工们给出了不一致的回答,收购者可能会认为,公司未来的愿景只存在于你的脑海中。

秘诀3:询问你的顾客为何和你做生意。一个潜在的收购者可能会要求和你的部分顾客谈谈。他或她希望你挑选一些最有激情、最忠诚的顾客,所以他或她就能从他们嘴里听到好消息了。但是,他们也可能问顾客诸如"你为什么和这些人做生意?"之类的问题。收购者们想要弄清楚,顾客为何忠诚。如果你的顾客的答案是你的产品、服务或者公司的整体优点,那太棒了。如果他们回答说他们有多喜欢你这个人,那就完蛋了。

秘诀4：乔装客户。收购者们经常在你还未知道他们对收购你的公司感兴趣之前，背着你先做一次小型调查。他们会扮成顾客，访问你的官网，或者来到你的公司，感受一下成为其中一名顾客的感觉。确保你的公司给每一位生客提供的体验都是一致的，并避免你亲自为新顾客提供服务。如果任何潜在买家发现你个人是吸引新顾客的关键，他们会担忧一旦你离开公司，顾客源可能会枯竭。

一旦尽职调查结束，报价意向书里的报价可能会大打折扣。如果这件事发生了，你不需要惊讶。你要对此有心理准备，这样如果它没有发生，你会感到惊喜。你需要回顾一下你最初阅读这份意向书时所做的算术，如果打折后的报价仍旧满足你的预付款目标，那就签字出售吧。如果打折后的开价低于你的底线，那就走人——甭管收购者如何承诺会帮助你完成盈利能力支付计划。

如果你接受了尽职调查结束后修订的报价，你们会召开一个收购会议。这个会议通常在收购者的法律事务所里举行，正式的手续都是在这里办理的。你要签署一大堆文件，一旦你签署了这些文件，法律事务所会把钱转到你的账户里。这样一来，交易就结束了。

BUILT TO SELL
Creating a Business That
Can Thrive Without You

推荐书目和资源

获取你的"出售指数"

你在疑惑自己是否拥有一家可出售的企业吗？请在 www. SellabilityScore. com 做一份十三分钟的保密测试。除了能获得出售指数，你还会得到一份有关"可售性"的综合报告。

完善你的企业家生命周期

当你准备退出你的企业时，请考虑通过加入我们的 Kiva 贷款团队，帮助一名新的企业家进入企业家的世界。Kiva 可以使你把少量的钱（贷款最低限额 25 美元）贷给发展中国家的企业家们。想了解更多有关 Kiva 贷款团队的信息，请登录 www. BuiltToSell. com/kiva。

加入策略教练团队

策略教练团队成员是创建公司和完善生活的专家。他们开创了将商品标准化的概念,他们把它称为一个独一无二的流程。他们会帮助你阐明和实施你的流程。参见 www. strategiccoach. com。

保持联系

我在 BuiltToSell. com 网站上开了一个有关创建可出售的公司的博客。请登录注册,每当有更新时,你将获得通知。我们还可以在 Facebook. com/BuildToSell 或者 Twitter@JohnWarrillow 上保持联系。

关注蒂莫西 · 费里斯

蒂莫西 · 费里斯写了一本名为《每周工作四小时》的书,他会告诉你出售公司之后如何度过时间。参见 www. fourhourweek. com。

参加所有由维恩 · 哈尼什组织的活动

维恩 · 哈尼什经营着 Gazelles 公司,他同时也是《掌握洛克菲勒的习惯》的作家。他是企业成长方面的导师,他的公司专注于教育和培训发展中的公司。订阅他的必读物《洞见》(*Weekly Insights*),参见 www. gazelles. com。

阅读《小巨人》

保·伯林翰已经在《公司》杂志上记载了多年的创业生活。《小巨人》将会激励你专注于一件事情上,而不是为了攫取利润而将精力分散于多种多样的事情。参见 www. smallgiantsbook. com。

阅读诺姆·布劳斯基的文章和著作

诺姆是企业家中的传说。他创立了七家企业,并在《公司》杂志上有一个专栏。请登录 www. inc. com 查看。

订阅《小型商务趋势》(*Small Business Trends*)

安妮塔·坎贝尔是一位对小型企业颇具观察力的多媒体资深人士。她每月为成千上万的小型企业所有者,提供通过微博、博客和其他形式的文章。参见 www. smallbiztrends. com。

阅读《顶级雇员》（*Topgrading*）
和《顶级销售》（*Topgrading for Sales*）

你将会学到雇佣员工的伟大公式，包括如何找到能够独立控制销售引擎的销售人员。参见 www.smarttopgrading.com。

阅读《品牌：不仅仅是标志》（*Brand：It Ain't the Logo*）

学习如何创造一个独立于你的品牌。

想获得更多有关创造一家可出售的企业的资源和建议，请登录 www.BuiltToSell.com。

图书在版编目（CIP）数据

随时卖掉你的公司：打造一家离开你也能独立发展的企业／（美）沃瑞劳著；孙雪珂译．—杭州：浙江大学出版社，2014.6
ISBN 978-7-308-13176-6

Ⅰ.①随… Ⅱ.①沃… ②孙… Ⅲ.①企业管理 Ⅳ.①F270

中国版本图书馆 CIP 数据核字（2014）第 094499 号

书名原文：BUILT TO SELL
作者：John Warrillow
All rights reserved including the right of reproduction in whole or in part in any form.
This edition published by arrangement with **Portfolio**，a member of Penguin Group(USA) Inc.

随时卖掉你的公司
打造一家离开你也能独立发展的企业
[美]约翰·沃瑞劳 著
孙雪珂 译

责任编辑	曲　静
出版发行	浙江大学出版社
	（杭州市天目山路 148 号　邮政编码 310007）
	（网址：http://www.zjupress.com）
排　　版	杭州中大图文设计有限公司
印　　刷	杭州钱江彩色印务有限公司
开　　本	880mm×1230mm　1/32
印　　张	7.25
字　　数	143 千
版 印 次	2014 年 6 月第 1 版　2014 年 6 月第 1 次印刷
书　　号	ISBN 978-7-308-13176-6
定　　价	32.00 元